成旦红 刘昌胜 主编

百年上大
校友画传

(第三辑)

上海大学出版社
·上海·

书名中"百年"集于右任校长书法字体,"上大"集钱伟长校长书法字体

本书编委会

主　　　　任　　成旦红　刘昌胜
常务副主任　　段　勇
副　　主　　任　　欧阳华　吴明红　聂　清　王从春
　　　　　　　　　汪小帆　苟燕楠　罗宏杰　忻　平
委　　　　员　　（按姓氏笔画为序）

　　　　　　王远弟　王国建　卢志国　朱明原　刘长林
　　　　　　刘文光　刘绍学　许华虎　孙伟平　李　坚
　　　　　　李明斌　吴仲钢　吴　铭　沈　艺　张元隆
　　　　　　张文宏　张勇安　张基涛　陆　瑾　陈志宏
　　　　　　陈　然　竺　剑　金　波　孟祥栋　胡大伟
　　　　　　胡申生　秦凯丰　顾　莹　徐有威　徐国明
　　　　　　陶飞亚　曹为民　彭章友　傅玉芳　曾文彪
　　　　　　曾　军　谢为群　褚贵忠　潘守永　戴骏豪

主　　　编　成旦红　刘昌胜
执 行 主 编　段　勇
执 行 副 主 编　曾文彪　胡申生　刘长林　耿　敬
执 行 编 辑　彭明霞　钟艺玲
编 辑 助 理　洪丹丹　井晓昌　章叶浩薇　刘佳文
　　　　　　　汤小琴　张佳霖　王晓晨　吴　卓
　　　　　　　李慧蓉　牛　娜

上海大学的建校史可追溯至 1922 年。百余年来，学校与时代共振，与中华同兴，为中国革命和社会主义建设事业培养了逾 33 万名优秀人才。

2022 年 9 月，为纪念上海大学建校 100 周年，编撰、出版了《百年上大校友画传》第一辑、第二辑，旨在梳理上海大学的育人成果，探寻上海大学的奋斗历程，并以此激励新一代"上大人"继承光荣传统、在新征程中踔厉奋进。

本辑接续第二辑，选录人员仍是 1958 年至今的校友。现在的上海大学是于 1994 年由上海工业大学（前身为 1960 年成立的上海工学院）、上海科学技术大学（1958 年成立）、上海大学（1983 年成立）和上海科技高等专科学校（1959 年成立）合并组建而成的。其中，1983 年成立的上海大学是由 1978 年成立的复旦大学分校、上海外国语学院分院、上海机械学院轻工分院、华东师范大学仪表电子分校、上海科学技术大学分校和上海市美术学校（前身为 1959 年成立的上海市美术专科学校）合并组建而成的。现在，我们把上述所有学校的校友都称为上海大学校友。

在本辑编撰过程中，上海大学对外联络处（校友会办公室）的同志一如既往地为收集、整理校友资料倾注了大量心血，上海大学档案馆和上海大学出版社也自始至终地给予大力支持与帮助。在此，谨向这些单位及相关同志致以诚挚的谢意！

上海大学历史源远流长，优秀校友彬彬济济，还有更多深耕于全国各地、各行各业的校友们，需要加强联络，学校还将以更多样的方式持续彰显校友风采。由于学校沿革错综复杂，几经变更与整合，人事更替频繁，本辑中疏漏及不当之处在所难免，恳请广大校友和读者不吝赐教。

目 录

丁伟中 / 1	王男栿 / 14	王蓓 / 28	白中治 / 41	朱鸿鹨 / 54
于乐 / 2	王宏 / 15	毛协民 / 29	白杰 / 42	仲星明 / 55
于爱平 / 3	王宏伟 / 16	毛杏云 / 30	白蕉 / 43	任慕苏 / 56
于福升 / 4	王奇 / 17	方宗坚 / 31	包伯荣 / 44	华珏靓 / 57
马国琳 / 5	王国平 / 18	方梦之 / 32	宁莉娜 / 45	壮云乾 / 58
马和平 / 6	王孟奇 / 19	邓伟华 / 33	曲辰 / 46	庄小蔚 / 59
马淳安 / 7	王恩哥 / 20	邓志勇 / 34	吕建昌 / 47	刘学尧 / 60
王力行 / 8	王朔中 / 22	孔宪豪 / 35	朱金福 / 48	刘宗田 / 61
王文海 / 9	王乾德 / 23	艾维超 / 36	朱学勤 / 49	刘建荣 / 62
王立明 / 10	王鸿 / 24	平杰 / 37	朱诚 / 50	刘波 / 63
王刚 / 11	王鸿生 / 25	卢志杰 / 38	朱剑良 / 51	刘根元 / 64
王廷云 / 12	王喆 / 26	叶盛 / 39	朱恒夫 / 52	刘峰 / 65
王军华 / 13	王寒梅 / 27	冉峰 / 40	朱晓初 / 53	刘曾荣 / 66

江小燕 / 67	李泉生 / 83	肖　衡 / 99	沈四宝 / 115	张连生 / 131
江寒汀 / 68	李艳玲 / 84	吴　伟 / 100	沈乐平 / 116	张　坚 / 132
许正林 / 69	李　峰 / 85	吴　彤 / 101	沈关宝 / 117	张佳春 / 133
许政暲 / 70	李　鉴 / 86	吴晓春 / 102	沈启华 / 118	张金仓 / 134
孙生官 / 71	李　梁 / 87	吴　萍 / 103	沈国雄 / 119	张宝华 / 135
杜飞龙 / 72	李　超 / 88	何陵辉 / 104	沈学超 / 120	张俊智 / 136
杜信恩 / 73	李锁云 / 89	余忠荪 / 105	沈培达 / 121	张　洁 / 137
李世平 / 74	李　麟 / 90	余　晨 / 106	沈增耀 / 122	张载养 / 138
李龙元 / 75	杨剑平 / 91	狄勤丰 / 107	宋兰舟 / 123	张　峰 / 139
李幼林 / 76	杨夏蕙 / 92	应野平 / 108	宋学东 / 124	张培础 / 140
李　刚 / 77	杨晓林 / 93	汪大伟 / 109	宋钟蓓 / 125	张寅彭 / 141
李庆云 / 78	杨　雄 / 94	汪义平 / 110	宋　彬 / 126	陆　申 / 142
李　芸 / 79	杨新富 / 95	汪　丹 / 111	张文宏 / 127	陆抑非 / 143
李坦克 / 80	杨慧如 / 96	汪均益 / 112	张文俊 / 128	陈　平 / 144
李明忠 / 81	杨慧洁 / 97	汪　敏 / 113	张正勤 / 129	陈立群 / 145
李詠森 / 82	肖炳南 / 98	汪　曜 / 114	张兆扬 / 130	陈伯良 / 146

陈启伟 / 147	郄国伟 / 163	胡元太 / 180	费敏锐 / 196	钱文明 / 212
陈　超 / 148	周明海 / 164	胡吉春 / 181	姚志良 / 197	钱光人 / 213
陈犀禾 / 149	周　星 / 165	胡自强 / 182	姚志洪 / 198	钱孝衡 / 214
陈殿林 / 150	周鸿雁 / 166	胡　江 / 183	姚崇斌 / 199	钱晋武 / 215
邵　文 / 151	庞邢健 / 167	胡金豪 / 184	敖　平 / 200	钱　晖 / 216
邵炳军 / 152	郑昌陆 / 168	郦鸣阳 / 185	袁　园 / 201	钱　斌 / 217
范明林 / 153	郑衍衡 / 169	钟力炜 / 186	袁　欣 / 202	徐　灿 / 218
林玉凤 / 154	郑健麟 / 170	钟顺时 / 187	袁晓蕾 / 203	徐建融 / 219
林采霖 / 155	单少军 / 171	侯东升 / 188	袁鸿根 / 204	徐拾义 / 220
林炯如 / 156	郎明宽 / 172	俞子才 / 189	聂国华 / 205	徐海珍 / 221
罗立刚 / 157	房明毅 / 173	施进浩 / 190	夏国强 / 206	徐继伟 / 222
罗　建 / 158	孟　光 / 174	施利毅 / 191	夏玲英 / 207	徐得名 / 223
竺　伟 / 159	赵小林 / 175	姜文正 / 192	顾大为 / 208	徐　瀚 / 224
金丹元 / 160	赵春华 / 176	姜建忠 / 193	顾炳鑫 / 209	殷保津 / 225
金　春 / 161	赵彦春 / 178	洪志华 / 194	顾　辉 / 210	翁培奋 / 226
金冠军 / 162	荆典谟 / 179	费战波 / 195	钱乃荣 / 211	高廷春 / 227

高建华 / 228	龚其恩 / 243	程昌钧 / 258	颜文樑 / 273
郭秀云 / 229	龚　怡 / 244	程思祺 / 259	潘向黎 / 274
郭咏军 / 230	盛康龙 / 245	傅赤先 / 260	潘晓岗 / 275
唐　云 / 231	盛善珠 / 246	谢远峰 / 261	潘浩波 / 276
唐　咏 / 232	章永浩 / 247	蓝　凡 / 262	潘耀昌 / 277
唐　铮 / 233	章苏阳 / 248	楼文高 / 263	薛志良 / 278
唐锐鹤 / 234	彭超才 / 249	赖磊平 / 264	薛喜民 / 279
涂　克 / 235	董才飞 / 250	雷凤桐 / 265	薛　潮 / 280
谈山林 / 236	董凤纯 / 251	雷建设 / 266	戴万阳 / 281
黄一孟 / 237	董南才 / 252	蔡　铮 / 267	戴云杰 / 282
黄为群 / 238	董泰康 / 253	裴仁清 / 268	戴晓坚 / 283
黄　勇 / 239	蒋　渊 / 254	裴学进 / 269	魏季和 / 284
黄祥豫 / 240	蒋嘉俊 / 255	廖由雄 / 270	Jeffrey Reimers
戚国强 / 241	景　莹 / 256	阚　敏 / 271	（杰夫·瑞默斯）/ 285
龚应荣 / 242	程　立 / 257	缪淮扣 / 272	上海大学沿革图 / 286

说明：本书的编排原则上按人物姓氏笔画为序，但因版面原因，个别处略有调整。

丁伟中，1952年生，上海人。中共党员。博士。教授。

1978年，毕业于上海工业大学冶金系炼钢专业。1985年，获上海工业大学冶金系钢铁冶金专业硕士学位。1999年，任上海大学钢铁冶金专业博士生导师。2004—2008年，任上海大学实验设备处处长。

1993年，获挪威工学院冶金系过程冶金专业博士学位。1994年，在挪威工学院做博士后研究。1994—1999年，在挪威开展合作研究。曾任上海市钢铁冶金新技术开发应用重点实验室主任。兼任中国金属学会理事、中国金属学会铁合金专业委员会委员、中国金属学会冶金物理化学委员会委员。

2007年，获王宽诚育才奖；2009年，获上海市育才奖。2003年，获上海市科技进步奖二等奖；2009年，获上海市技术发明奖一等奖。

2013年10月，丁伟中接受中国环境频道采访

于乐，1985年生，山东人。博士。教授。

2011年，获上海大学纳米科学与技术研究中心理学硕士学位。

2008年，毕业于山东大学高分子材料科学与工程专业。2016年，获新加坡南洋理工大学化学与生物分子工程专业博士学位。2015—2018年，在新加坡南洋理工大学化学与生物分子工程学院做博士后研究。2018年至今，任北京化工大学化学工程学院教授、博士生导师。兼任《物理化学学报》青年编委、《稀有金属》青年编委、《山东化工》编委。主要从事新型微纳米结构功能材料设计与合成、电化学储能材料及器件、新型电化学催化剂及转能技术研究。2014年，获国家优秀自费留学生奖学金；2019年，获纳米研究第五届"顶级论文奖"。获评2016—2018年度 Journal of Materials Chemistry A 杰出审稿人；2018—2022年，连续五年入选科睿唯安（Clarivate Analytice）全球高被引科学家名单；2021年，入选爱思唯尔（Elsevier）中国高被引学者（化学工程领域）名单。2017年，获国家级人才称号。

2023年3月，于乐（后排右二）参加天津高能时代水处理科技有限公司校企座谈合影

于爱平，1965年生。中共党员。主任药师。

2010—2012年，参加上海大学与法国格勒诺布尔第二大学联办的MBA专业学习，获MBA硕士学位。

1987年，毕业于西安医科大学药学院。2000年，毕业于新疆医科大学研究生班药学专业，获研究生同等学力证书。2005—2007年，在中欧国际工商学院医院管理EMBA班学习并结业。2008—2009年，在北京大学经济管理学院医药高级管理EMBA班学习并结业。1987年，毕业分配至新疆维吾尔自治区人民医院，后任药剂科党支部书记；1998—2004年，历任药剂科副主任、经济策划中心主任、医保中心主任等职。2005—2009年，历任新疆维吾尔自治区人民医院副院长、党委副书记、纪委书记；2015年，任院党委书记。2021年起，任新疆维吾尔自治区卫生健康委员会主任。曾兼任中华中医药学会医院药学管理分会主任委员，新疆维吾尔自治区药学会理事，新疆维吾尔自治区人民医院药学管理分会副主任，《中国药房》编委、新疆联络处秘书，新疆维吾尔自治区医学会医疗事故技术鉴定专家库成员，乌鲁木齐市医疗事故鉴定药学专家库成员，新疆维吾尔自治区药品监督管理局新药评审专家库成员，新疆维吾尔自治区劳动和社会保障厅药学专家库成员。

曾获中国科学技术协会颁发的西部开发突出贡献奖、新疆维吾尔自治区总工会颁发的开发建设新疆奖章、第二届全国医院药事管理优秀奖、中国医院协会第一届医院后勤管理先进个人、新疆优秀药学工作者等荣誉称号，被乌鲁木齐市政府授予创建节水型城市活动先进个人、乌鲁木齐社会治安综合治理先进个人等荣誉称号。

于爱平工作照

于福升，1985年生，辽宁人。博士。教授。

2008年，毕业于上海大学物理系应用物理专业。

2013年，中国科学院高能物理研究所硕博连读毕业，获理学博士学位。2011—2012年，在巴黎第十一大学接受联合培养。2013—2018年，任兰州大学核科学与技术学院副教授、硕士生导师。2018年至今，任兰州大学核科学与技术学院教授、博士生导师。2018年，获教育部长江学者奖励计划青年学者称号。2019年，入选甘肃省飞天学者特聘计划。

2019年，获中国物理学会最有影响论文奖一等奖、英国物理学会高被引中国作者奖。为甘肃省第十三届政协委员。

2021年11月，于福升在兰州大学召开的院士师生共话发展座谈会上发言

马国琳，1932年生，安徽合肥人。中共党员，中国民主同盟成员。教授。

1984—1986年，任上海大学工学院二系主任、副教授；1986—1995年，任上海大学工学院院长；1987年，被评为教授；1995年退休。

1950—1953年，本科就读于南京工学院动力系。1953—1956年，研究生就读于哈尔滨工业大学机电系。1956—1984年，历任上海交通大学助教、讲师、副教授。

为上海市徐汇区第九届人大代表。

马国琳（右一）与教师一起开展教学研究

马和平，1955年生，浙江宁波人。博士。教授。

1982年、1984年和1989年，在上海科学技术大学数学系计算数学专业，获学士、硕士和博士学位并留校任教。曾任上海科学技术大学数学系讲师、副教授，上海大学理学院教授、博士生导师。

1994—1996年，赴美国布朗大学访问。1998—2004年，多次任香港城市大学研究员。2003年，赴英国肯特大学访问。2000—2001年，两次任香港浸会大学访问学者。曾任中国科技大学兼职教授。为上海市数学会第八届理事、第九届常务理事，中国数学会第八、第九届理事；*Jounlal of Shanghai University*（*English Edition*）编委。

1991年，获国家教委科技进步奖（甲类）一等奖。

2016年，马和平（右）参加研究生毕业典礼

2022年，马和平参加上海大学理学院数学系举行的荣休教师仪式

马淳安（1951—2016），浙江东阳人。中共党员。博士。教授。

2005年，获上海大学材料科学与工程学院材料学专业博士学位。

1978年，毕业于北京大学化学系物理化学专业。2006—2007年，任英国伦敦帝国理工大学高级访问教授。历任浙江工学院化工学院应用化学系主任、党支部书记，电化学工程与技术研究所所长，科技处处长，副校长。兼任国际电化学学会委员、中国化学会理事、中国高科技与产业化理事会常务理事（科技部）、中国高校科技与产业化理事会常务理事（教育部）、中国石油和化工理事会常务理事、中国有机电化学和工业协会副理事长、中国化学会电化学专业委员会委员、中国化学会应用化学专业委员会委员、中国化工学会精细化工委员会委员。长期从事电化学和电化学工程领域的教学和科研等工作。

1994年，获中华全国学生联合会颁发的园丁奖；2000年，获评浙江省"三育人"先进个人；2001年，获浙江省有突出贡献的中青年科技人员荣誉称号。曾获教育部科技进步奖二等奖2项，浙江省科技进步奖一等奖1项、二等奖3项，浙江省高校科技进步奖一等奖2项、二等奖2项，联合国TIPS中国国家分部颁发的"发明创新之星奖"1项，国家科委等五部委颁发的"国家级新产品"1项，浙江省自然科学优秀论文奖二等奖和三等奖共8项。

2010年，马淳安在第二届国际绿色化工产品和过程工程研讨会上发言

马淳安在科技部能源材料及应用国际科技合作基地汇报会上发言

王力行（1916—1967），原名王兆震，河北丰南人。中共党员。

1965年，任上海科学技术大学党委副书记兼政治部主任、校人民防空领导小组组长。

曾就读于燕京大学。1939年，在中国人民抗日军事政治大学学习。参加"一二·九"抗日救亡运动并加入中华民族解放先锋队，曾任晋察冀军区教导队政治指导员，东北民主联军第二十六师政治部组织科科长、师直属党委委员。1949年后，历任中央人民政府委员会秘书主任、中国人民解放军四十六军一三七师政治部主任、南京军事学院教员、北海舰队快艇支队政委、海军青岛基地党委监委委员。1967年，被迫害致死，"文化大革命"后恢复名誉。

1955年，获中国人民解放军总政治部干部部授予的三级独立自由勋章和二级解放勋章。

1988年12月，《丰南史志资料选编》刊登的《党的好干部王力行传略》

王文海，1953年生，上海人。中共党员。高级工程师。

1981年，毕业于上海工业大学工业自动化专业。

曾历任上海宝山钢铁总厂初轧厂机动科副科长、科长、厂长助理、副厂长，上海宝山钢铁总厂设备部副部长、部长，上海宝山钢铁总厂厂长助理，宝山钢铁（集团）公司战略发展研究会副会长、技术中心设备研究所所长、IT产业整合小组组长，上海宝钢信息产业公司总经理，上海宝信软件股份有限公司总经理。2005—2010年，任上海宝信软件股份有限公司董事长。

为上海市浦东新区第三届人大代表。

2022年11月，王文海在合肥、福州宝地创新中心项目推介会上发言

王立明,1964年生,上海人。中共党员。

1991年,毕业于上海工业大学机械工程系机械专业并留校任教研室助教。1993年,获上海大学机械制造专业硕士学位。1993年起,在上海大学设立"东洋电装奖助学金",30年来,累计发放金额近300万元。

1993—1994年,赴东洋电装日本总部接受培训。1994年至今,在上海东洋电装有限公司工作,历任工场长、副总经理、总经理等。

2003年,获评上海市劳动模范。

2021年4月,王立明在上海大学机电工程与自动化学院
第28届东洋电装奖助学金颁奖仪式上致辞

王刚，1958年生，上海人。中共党员。教授。

1987年，获上海工业大学上海市应用数学与力学研究所固体力学专业硕士学位。

曾任上海第二工业大学副校长、上海市教育考试院院长。2016—2018年，任上海市教育科学研究院党委书记、常务副院长。现任上海东海职业技术学院副董事长、校长、党委副书记。主要研究领域为高等教育、职业教育。论文发表在《中国高教研究》《实验室研究与探索》《高等工程教育研究》《职业技术教育》等刊物上。

牵头负责的教改项目曾多次获上海市教育成果奖二等奖、三等奖。

2019年9月，王刚在上海大学首日教育上做主题报告

王廷云,1963年生,河北黄骅人。中共党员。博士。教授。

2001年起,在上海大学工作。任上海大学教授、通信与信息工程学院院长、特种光纤与光接入网省部共建国家重点实验室培育基地主任。

1983年,毕业于河北工学院。1986年,获哈尔滨电工学院硕士学位。1998年,获哈尔滨工业大学测试计量技术及仪器专业博士学位。1998—2000年,在清华大学电机工程与应用电子技术系做博士后研究。2009—2010年,在美国弗吉尼亚理工大学电子与计算机工程系做高级访问学者。为中国光学学会高级会员、2002年度上海市科委技术预见专家。兼任《应用科学学报》主编、中国光学工程学会理事、IEEE PES电力系统通信与网络安全技术委员会常务理事、中国光学工程学会光纤传感技术专家工作委员会副主席、中国光纤传感技术及产业创新联盟副主席、上海市通信学会理事、上海市惯性技术学会理事。

1998年,获机械工业部科技进步奖二等奖;1999年,获教育部科技进步奖二等奖;2008年,获上海市人才发展基金;2016年,获上海市领军人才称号、王宽诚育才奖;2020年,获评国家重点研发计划首席科学家。

2018年6月,王廷云在上海大学第二届董事会第二次会议上做报告

2021年9月,王廷云在上海大学2021级通信与信息工程学院新生见面会上讲话

王军华，1973年生，上海人。中共党员。博士。

1996年，毕业于上海大学环境工程专业；2003年、2009年，先后获上海大学信号与信息处理专业、通信与信息系统专业硕士、博士学位。1996—2007年，历任上海大学通信与信息工程学院电子信息工程系教师、党总支副书记，通信与信息工程学院党委副书记等职。2007—2014年，历任上海大学社区管理部主任，兼任社区学院党委书记、常务副院长。2014年，任上海大学学生工作办公室主任。2015—2018年，任上海大学组织人事部副部长兼组织部部长、教师工作部部长。

2018年起，任上海立信会计金融学院党委副书记、副院长。

2021年3月，王军华（左三）前往团市委看望挂职干部

2021年5月，王军华（右）参加上海市大学生挑战杯现场展示活动

王男栿，1985年生，江西丰城人。美国籍。纪录片导演、摄影师、剪辑师。

2010年，获上海大学外国语学院英语语言文学专业硕士学位。2010—2011年，任职于上海大学教务处。

2011年，获俄亥俄大学全额奖学金，赴美留学，后在纽约大学新闻和纪录片专业学习并获硕士学位。

2016年，执导个人首部纪录片《海南之后》，该片相继入围第32届圣丹斯国际电影节、第40届克利夫兰国际电影节等影展，获第10届电影之眼奖最佳处女作导演奖。2017年，执导的纪录片《我是另一个你》获西南偏南电影节评委会特别奖。2018年，当选奥斯卡金像奖纪录片部门评委，同年执导纪录短片《合众为一》。2019年，执导的纪录片《独生之国》入围哥本哈根国际纪录片电影节、翠贝卡电影节、科索沃国际纪录片短片电影节等诸多国际性影展，获第35届圣丹斯国际电影节美国纪录片单元评委会大奖、第30届斯德哥尔摩电影节最佳纪录片奖、第15届Docville国际纪录片电影节评委会奖，入围第92届奥斯卡金像奖最佳纪录长片短名单。2020年，获麦克阿瑟天才奖。

王男栿工作照

王男栿获奖照

王宏，1962年生，江苏江都人。中共党员。教授。

1990—1995年，曾任上海大学文学院社会学系副主任、上海大学团委书记。

1990年，获上海社会科学院哲学专业硕士学位。1995—2011年，历任上海市教育委员会办公室副主任、信息中心主任、学生处处长、终身教育处处长。2011—2022年，任上海电视大学副校长、上海远程教育集团副主任、上海开放大学副校长。曾兼任上海市信息化培训协会理事长、中国成人教育协会学分银行研究专业委员会理事长、中国成人教育协会家庭教育专业委员会常务副理事长。

1993年，获上海市优秀青年教师荣誉称号；2005年，获中国教育和科研计算机网十年建设中做出突出贡献的先进个人荣誉称号；2012年，获上海市学习型社会建设与终身教育工作先进个人荣誉称号。2013年，获上海市教学成果奖二等奖（第一完成人）；2014年，获上海市成人教育十年（2005—2014）突出贡献奖；2017年，获上海市企业教育杰出贡献奖、上海市教学成果奖特等奖（第二完成人）；2018年，获国家级教学成果奖二等奖（第二完成人）；2022年，获上海市教学成果奖特等奖（第一完成人）。

2022年9月，王宏在世界人工智能大会上主持开放学习元宇宙技术应用发布环节

2022年9月，王宏（左一）为上海开放大学青年教师教学竞赛获奖代表颁奖

王宏伟，1968年生，江苏扬州人。中共党员。

1991年，毕业于上海科学技术大学材料科学系无机非金属材料专业。1991—1993年，任上海科学技术大学材料科学系团总支书记、学生辅导员。

1993—1997年，任共青团上海市委科员、副主任科员、主任科员。1997—1998年，任共青团上海市委直属机关党委副书记。1998—2001年，任共青团上海市委宣传部副部长，其间任上海市青年志愿者行动指导中心主任（正处级）。2001—2003年，任共青团上海市委组织部代部长、直属机关纪委书记。2003年，任共青团上海市委组织部部长、直属机关纪委书记。2003—2006年，任共青团上海市委副书记，其间任党组纪检组组长。2006—2011年，任上海市社会工作党委副书记、纪工委书记，其间任上海市社会服务局副局长。2011—2015年，任中共上海市闸北区委常委、组织部部长。现任中共上海市徐汇区委常委、副区长、区行政学院院长、一级巡视员。

2021年6月，王宏伟出席科济药业控股有限公司上市仪式

王奇，1950年生，福建闽侯人。中共党员。博士。教授。

1985年，获上海科学技术大学光电子专业硕士学位。1985—2000年，历任上海科学技术大学物理系副主任、主任，上海大学物理系主任、理学院副院长（兼物理系主任）、校长助理、副校长（兼国际交流学院院长）。

1992年，获英国索尔福德大学博士学位。2001—2010年，任上海市教育委员会副主任，后兼任上海市科学技术委员会副主任、教育部高等教育院校设置专家委员会委员。2010年后，历任上海市教育评估院院长、上海市教育发展基金会常务副理事长、上海市政协科技成果转化促进会常务副会长、中国高校科技成果转化促进会副会长。

为上海市第十一届政协委员、政协教科文卫体专委会常务副主任。

2008年10月，王奇到上海大学社会转型与社会组织研究中心考察

2023年2月，王奇出席上海市教育评估院召开的2023年工作务虚会

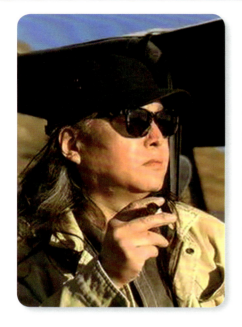

王国平，1962年生，江苏盐城人。影视编导。

1985年，毕业于上海大学文学院汉语言文学专业。

1985年，进入上海电视台工作，历任综艺晚会编导、少儿科科长和《音像时空》《MTV工作室》等音乐栏目制片人和总导演。20世纪80年代中期，出版中国第一部MTV导演个人专辑录像带。1998年，出版VCD《王国平导演MTV金奖作品选》。任2010年上海世博会宣传片和MV总导演。曾为美国CTW电视机构执导《芝麻街》中国版外景片，为德国和澳大利亚旅游局执导旅游宣传片，受邀参加捷克斯洛伐克第36届金色布拉格电视节展映。

1993—1996年，连续四年获中国音乐电视大赛金奖；1998年，获中国文学艺术界联合会授予的全国百佳电视艺术工作者荣誉称号；1999年，获中国文学艺术界联合会授予的中国百名优秀青年文艺家荣誉称号；2005年，获联合国绿色奥斯卡金奖；2009年，入选《人民日报·环球人物》评出的"影响新中国60年新生活60人"；2016年，获第二届全球旅游视频大赛最佳旅游视频奖；2017年，获第十届中国旅游电视周最佳作品奖。曾获布达佩斯欧亚音乐电视金奖。

2018年11月，王国平在旅游界"奥斯卡"第三届全球旅游视频大赛颁奖大会上演讲

王国平工作照

王孟奇，1947年生，江苏无锡人。中共党员。教授。国家一级美术师。

2000年起，任上海大学美术学院教授、博士生导师。

1977年，南京艺术学院中国画专业毕业后留校任教。1986年，任南京艺术学院中国画教研室主任。1991年，调入广东画院。1998年，调入深圳画院。2006年，任香港浸会大学访问教授。兼任南京艺术学院客座教授、上海中国画院画师，为中国美术家协会会员。出版有《王孟奇画集》《王孟奇画册》《二十世纪下半叶中国新文人画精品选·王孟奇》等。

连环画《柳叶眉》入选第六届全国美术作品展览并获首届江苏省连环画作品展一等奖；中国画《三口之家》（合作）入选第六届全国美术作品展览并获首届江苏省人物画作品展三等奖；中国画《韵高千古》入选第八届全国美术作品展览；中国画《血腥太阳旗》入选1995年广东省美术作品展览并获优秀奖；中国画《功夫茶》入选深圳美术作品双年展；中国画《大荔丰年图》入选第九届全国美术作品展览并获优秀奖；中国画《风流岂在深闺》获建党80周年上海美术作品展获二等奖并被上海美术馆收藏；中国画《人物画六条屏》获2001年上海美术大展艺术奖二等奖；中国画《吃小米饭缴三八枪》获2005年第三届全国画院优秀作品展优秀奖。

王孟奇中国画《风流岂在深闺》

王孟奇中国画《吃小米饭缴三八枪》

王恩哥，1957年生，辽宁沈阳人。中共党员。博士。物理学家，中国科学院院士，发展中国家科学院院士。

2022年，受聘为上海大学兼职院士。

1990年，获北京大学物理系博士学位。1990—1991年，在中国科学院物理研究所做博士后研究。1991—1995年，在法国里尔表面与界面实验室和美国休斯敦大学做博士后研究、任副研究员。1985—1987年，在辽宁大学物理系任教，其间赴美国普林斯顿大学交流学习。1995—2009年，任中国科学院物理研究所研究员、所长，北京凝聚态物理国家实验室（筹）主任。2008—2009年，任中国科学院副秘书长、研究生院常务副院长。2009—2015年，历任北京大学研究生院院长、物理学院院长，北京大学党委常委、副校长、教务长、常务副校长、校长。2015—2017年，任中国科学院副院长、党组成员，物理研究所学术委员会主任。2003年，当选英国物理学会会士。2006年，当选美国物理学会会士。2007年，当选中国科学院数理学部院士。2008年，当选发展中国家科学院院士。2018年，当选美国物理学会国际董事，为中国首位担任该职务的科学家。兼任北京市科学技术协会第十届委员会副主席，国际纯粹与应用物理学联合会执行副主席，中国科学技术协会常务委员，中国物理学会副理事长，中国科学院数理学部常委，香港大学物理系荣誉教授，美国材料研究学会组委会委员，发展中国家科学院院士选举委员会顾问委员，国家中长期科技规划"量子调控"专项副组长，日本国立材料研究所、智利大学、英国伦敦大学、美国加利福尼亚大学圣巴巴拉分校、沙特国王科技大学国际学术顾问。1994年，入选中国科学院首批百人计划；1995年，获国家杰出青年基金资助；1996年，入选新世纪百千万人才工程计划。

1996年，获求是杰出青年学者奖；2003年，获世界华人物理学会亚洲成就奖；2005年，获中国科学院杰出成就奖、周培源物理奖、德国洪堡研究奖、发展中国家科学院物理奖；2007年，获评全国优秀博士后；2008年，获香港理工大学杰出中国访问学人称号；2008年，获美国斯坦福大学GCEP访问学者称号；2010年，获何梁何利基金科学与技术进步奖、十佳全国优秀科技工作者荣誉称号；2011年，获亚洲计算材料科学成就奖；2018年，获国际先进材料终身成就奖。

2014年9月,王恩哥在北京大学开学典礼上致辞

2020年10月,王恩哥参加北京科技大学举办的求实论坛开幕仪式暨王恩哥院士学术报告会

王朔中，1943年生，江苏苏州人。中共党员。博士。教授。

1985年，到上海工业大学任教，历任上海工业大学教授，上海大学通信与信息工程学院副院长、博士生导师。

1966年，毕业于北京大学无线电电子学系。1982年，获英国伯明翰大学工学博士学位。1983—1985年，任中国科学院声学所助理研究员。1993—1994年，任美国密歇根大学电机工程与计算机科学系副研究员。兼任中国仪器仪表学会复印学会副理事长、中国电子学会通信分会多媒体信息安全通信专家委员会委员、水下军用目标特性国防重点实验室客座专家。

1998年，获上海市优秀教育工作者荣誉称号。1989年，获中国科学院科技成果奖三等奖；2000年，获国家档案局优秀科技成果奖一等奖、上海市科技进步奖三等奖；2004年，获国家档案局优秀科技成果奖三等奖；2007年，获上海普通高校优秀教材奖三等奖；2009年，获中国船舶重工集团科学技术奖三等奖、国防科技进步奖三等奖；2012年，获上海市自然科学奖二等奖。

2015年12月，王朔中在上海工程技术大学做国家自然科学基金辅导讲座

2022年2月，王朔中在指导学生

王乾德（1926—2022），浙江余姚人。中共党员。

1984年，任上海大学工商管理学院副院长。

1949年，在上海市委党校进修。1953年后，历任中共上海闸北、黄浦、卢湾区委委员及财贸部主任等职。1964—1967年，任中共上海市委财贸部宣传教育处处长。1977年，任上海市卢湾区副区长。1981年后，历任上海立信会计专科学校常务副校长、党支部书记。1988年离休。

2016年6月，王乾德（右三）参加渔阳里论坛

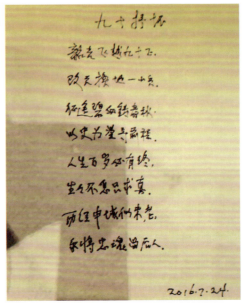

2016年7月，王乾德手书《九十抒怀》

王鸿（1928—2020），江苏常州人。中共党员。

1987—1994年，任上海科学技术大学材料系主任。

1947—1949年，就读于上海大同大学化学系。1949—1950年，任常州郑路桥中学教师。1950—1952年，任唐山交通大学化学系助教。1952—1960年，任中国科学院冶金陶瓷研究所研实员、助研。1960—1987年，任中国科学院上海硅酸盐研究所副研究员，四室课题组组员、副研究员、研究员、副室主任、室主任。

1960年，获上海市、全国三八红旗手荣誉称号；1993年，获上海市优秀教育工作者荣誉称号。1964年，获国家技术发明奖二等奖；1978年，获全国科学大会奖；1980年，获中国科学院重大科技成果奖二等奖；1982年，获上海市重大科技成果奖二等奖；1986年，获上海市巾帼奖一等奖。

中国科学院上海硅酸盐研究所主页上发布的全国先进个人称号名录

王鸿等在《硅酸盐学报》1989年第1期上发表的文章（部分）

王鸿生，1950年生，上海人。教授。文艺批评家。

2000—2007年，任上海大学文学院教授、博士生导师，上海大学上海文学研究中心主任，中文系教授委员会主任和中国现当代文学博士点学术带头人等。

1969年，赴河南省兰考县插队务农。1972年，进入河南省化工厂工作。1983年，到信阳师范学院中文系任教。1984年，调入河南省文联文艺理论研究室从事专业批评。1988年，考入华中师范大学文艺学专业。曾任河南省文学院理论部主任、同济大学中文系主任，现任同济大学济世学堂执行院长，中国美术学院教授、博士生导师。为中国作家协会会员、中国文艺理论学会常务理事、《文学》《现代中文学刊》《同济大学学报》编委、国家社科基金项目评审专家。曾任茅盾文学奖、鲁迅文学奖、唐弢青年文学研究奖终审评委。著有《交往者自白》《态度的承诺》《无神的庙宇》《语言与世界》《叙事与价值》《叙事与中国经验》等；发表美学、文艺理论和文学批评文章200余篇，有多篇论文被译为日语、英语、德语在国外发表。为中国首部生态伦理专题片《重读大黄河》（8集）总撰稿。

曾获第四届上海文学理论奖、河南省首届文学艺术优秀成果奖、河南省社会科学优秀成果奖、上海市育才奖、《当代作家评论》优秀论文奖等。

2006年6月，王鸿生（右十）出席"小说与当代生活"圆桌会议

2019年11月，王鸿生在豫籍茅盾文学奖、鲁迅文学奖获奖作家交流座谈会上发言

王喆，1945年生，江苏苏州人。中共党员。教授级高级工程师。

1967年，毕业于上海工学院冶金系。

1967年，到上海第三钢铁厂工作。1978—1991年，历任上海宝山钢铁总厂工程指挥部翻译组组长、厂副总工程师、设计研究院副院长和院长。1991年，任上海宝山钢铁总厂厂长助理兼设计院院长。1995年，任上海宝钢设备技术工程有限公司总经理。2003年，任上海宝山钢铁集团资深技术专家。2006—2013年，任攀钢集团独立董事，兼任上海交通大学、东北大学教授、博士生导师。退休后，任宝钢湛江工程转炉、连铸设备设计审查组组长，助力350吨转炉的设计和建设成功并顺利投产。曾在韶关钢厂、梅山钢厂任技术顾问和指导专家。现任西安陕鼓动力股份有限公司独立董事。

2017年3月，王喆（左）参加中国金属学会专家委员会第二届第一次工作会暨冶金学术报告

2021年7月，王喆在上海大学材料科学与工程学院党委党史学习教育"溯才讲堂"上发言

王寒梅，1976年生，上海人。九三学社成员。博士。教授级高级工程师。

2013年，获上海大学环境与化学工程学院工学博士学位。

1994—1998年，就读于中国地质大学，毕业后进入上海市地质调查研究院工作，任副总工程师等职。现任上海市地质调查研究院副院长。

2010年，获上海市五一劳动奖章、国土资源部首批地质科技杰出青年人才荣誉称号。曾获上海市领军人才、全国能源化学系统女职工建功立业标兵、上海市先进工作者等荣誉称号。

2021年，当选九三学社上海市静安区第二届委员会主任委员。为中国科学技术协会第十次全国代表大会代表，上海市第十五、第十六届人大代表。

2019年4月，王寒梅在中国环博会国际场地修复论坛上做报告

2021年5月，王寒梅出席中国科学技术协会第十次全国代表大会

王蓓，1968年生，上海人。中共党员。高级经济师。

1990年，毕业于上海大学计算机及应用系。

2010年起，历任中国农业银行上海市分行卢湾支行党委副书记、副行长（主持工作），中国农业银行上海市分行卢湾支行、上海市自贸试验区分行党委书记、行长。2018年起，任中国农业银行上海市分行党委委员、副行长。

2014年，获上海金融服务创新创优先进个人荣誉称号；2015年，获上海市劳动模范荣誉称号、上海金融业改革发展优秀研究成果奖二等奖；2019年，获上海金融创新奖三等奖、上海市教育委员会与上海市人力资源和社会保障局颁发的上海市级教学成果特等奖。

2020年4月，王蓓（左）代表中国农业银行上海市分行向上海大学捐赠疫情防控物资

2022年10月，王蓓（右一）出席中国农业银行上海市分行与上海大学全面战略合作协议签约仪式暨上海大学名校信用卡发布会

毛协民，1944年生，浙江义乌人。农工民主党成员。博士。教授。

曾任上海工业大学、上海大学材料科学与工程学院教授、博士生导师，2006年退休。

1965年，毕业于西北工业大学材料科学与工程系。1984年，获西北工业大学工学博士学位。1988—1990年，在德国柏林工业大学做访问和合作研究。1990—1991年，在瑞士洛桑工学院做博士后研究。曾任航空航天部所属工厂铸造主管工程师。兼任中国机械工程学会铸造分会理事、中国铸造协会压铸分会常务理事、中国铸造学会学术委员会委员、上海市闸北区机械工程学会副理事长、上海市压铸技术协会理事。主要从事资源节约型集约化钛合金冶炼及制备技术、金属再生利用技术、新型特种功能材料及其制备技术等多方面开发研究。

1985年，获上海市科技进步奖二等奖；1986年，获陕西省科技进步奖二等奖；1988年，获航空航天部科技进步奖三等奖；1990年，获国家教委科技进步奖（甲类）三等奖；1991年，获航空航天部科技进步奖二等奖、三等奖；1992年，获航空航天部科技进步奖一等奖、国家发明奖四等奖；1993年，获国家科技进步奖二等奖；1997年，获国家教委科技进步奖（甲类）三等奖；1999年，获上海市优秀产学研工程项目奖三等奖；2003年，获上海市科技进步奖二等奖；2004年，获上海市发明创造专利奖三等奖。

为上海市闸北区第八、第九、第十、第十一届政协委员。

2017年6月，毛协民在第十三届中国铸造协会年会中国压铸技术论坛上做学术报告

毛协民在《资源再生》2009年第10期上发表的文章（部分）

毛杏云，1940年生，浙江余姚人。中共党员。教授。

1993年，任上海科学技术大学党委副书记。1994年，任上海大学党委副书记。曾兼任上海大学党校校长、上海大学党建研究会副会长。1999年，兼任上海大学老年大学校长。

1964年，毕业于上海交通大学船舶制造系。历任上海交通大学船舶制造系学生政治指导员、团总支书记、党总支副书记，上海交通大学数学系党总支副书记、党总支代理书记、党总支书记，上海交通大学二部党委副书记，上海交通大学校长助理。曾兼任上海市党建研究会理事、上海教卫系统党建研究会常务理事。2001年退休后，历任上海杉达大学党总支副书记、上海交通大学校史编纂委员会秘书长。

1986年，获评上海市优秀宣传工作者。1985年、1991年，获评上海市三八红旗手。曾获全国教育系统关心下一代工作先进个人、上海市教卫党委系统优秀党务工作者、上海市老年教育工作先进个人等荣誉称号。

2000年3月，毛杏云（右）为上海老年大学上海大学分校揭牌

2014年，毛杏云（中）与上海大学老年大学全体工作人员合影

方宗坚（1924—2020），浙江平湖人。中共党员。

1979—1986 年，历任复旦大学分校副校长、上海大学文学院院长。

1944—1948 年，本科就读于上海交通大学土木系。1950—1953 年，历任华东革命大学附设工农速成中学教务筹备组组长、总务处副主任、教务处副主任。1953—1958 年，历任复旦大学附设工农速成中学教务处主任、副校长，兼任上海市劳动中学校长。1958—1979 年，历任复旦大学工农预科副主任、教学科学部副主任、教务处副处长、教学行政处处长、后勤组副组长。

方宗坚（左）与同事合影

2013 年 10 月，方宗坚（右）参加上海大学文学院为其九十寿庆举行的座谈会

方梦之，1935年生，浙江嵊县人。教授。

1978年，调入上海工业大学任教，后任上海大学外国语学院教授。

1957年，毕业于大连外语专科学校。后被分配到一家棉纺厂当技术员。1961—1963年，任锅炉工、办事员、夜校教师等职。1964—1978年，任江苏冶金研究所情报室专职翻译。1986年，创办《上海翻译》杂志并长期任主编，2014年起任名誉主编。创立"应用翻译研究"的学科概念，2003年，策划并主持全国应用翻译系列研讨会。曾兼任中国外语类核心期刊《上海科技翻译》主编、上海市科技翻译学会理事长、中国翻译工作者协会理事、中国英汉语对比研究会理事等职。主编、参编《中国科技翻译家辞典》《译学辞典》《中国译学大辞典》《中国翻译词典》等多部译学辞典。

1989年，获中国翻译学会论文奖一等奖；1991年，获中国翻译学会论文奖一等奖；1994年，获第二届上海市哲学社会科学优秀成果奖论文类三等奖；2011年，获上海市图书奖一等奖。2005年，获资深翻译家荣誉称号；2012年，获中国翻译协会优秀社团工作者荣誉称号；2013年，获上海市科技翻译学会终身成就奖；2014年，获中国翻译协会优秀社团工作者荣誉称号；2017年，获上海市外文学会终身成就奖。

方梦之正在编辑《上海翻译》

2012年12月，方梦之参加全国翻译工作座谈会暨中国翻译协会成立30周年纪念大会

方梦之接受上海大学档案馆工作人员采访

邓伟华，1977年生，安徽涡阳人。博士。教授。

2007年，获上海大学计算数学专业博士学位。

2010年，任兰州大学教授，2012年任博士生导师。现任兰州大学数学与统计学院计算数学研究所所长。兼任 Computer and Mathematics with Applications 和《高等学校计算数学学报》等刊物编委、中国工业与应用数学学会第八届常务理事、中国数学学会计算数学分会第十届常务理事。长期从事科学计算与数值分析、统计物理学和随机模拟、非线性动力学和反常扩散、非局部偏微分方程与随机表示等研究和教学工作。

2009年，获教育部新世纪优秀人才荣誉称号。2013年，获霍英东教育基金会第十四届高等院校青年教师奖三等奖。2014—2020年，连续入围高被引科学家数学类榜单。2015年，论文入选2015年中国百篇最具影响国际学术论文榜单。2016年，获飞天学者"青年学者"荣誉称号、中国计算数学学会青年创新奖提名奖；2020年，获教育部自然科学奖二等奖；2022年，获数理科学部国家杰出青年科学基金项目。

2023年4月，邓伟华参加兰州大学数学与统计学院召开的本科生、研究生工作座谈会

邓志勇，1963年生，江西峡江人。中共党员。博士。教授。

2012年，入职上海大学。曾任上海大学外国语学院副院长、党委书记，现任教授、博士生导师、修辞批评研究中心主任。

2001年，获上海外国语大学外国语言学及应用语言学专业博士学位。2005年、2012年，先后受国家留学基金委资助在美国匹兹堡大学、得克萨斯大学访学。1993—2012年，任职于上海理工大学外国语学院，1998年晋升为副教授，2003年底晋升教授，先后任英语专业教研室副主任、副院长。2019年起，任中国修辞学会（一级学会）副会长。曾任上海市学位委员会第四届学科评议组成员、国家社科基金项目通讯评审专家及国家社科基金项目结项成果鉴定专家。主持国家社科基金项目2项、省部级项目2项。2007年，入选上海市浦江人才计划。

1997年，获上海市高校优秀青年教师荣誉称号；2009年，获上海市教学成果三等奖。

2018年11月，邓志勇讲授研究生课程"西方修辞学"

2021年10月，邓志勇在外国语学院党支部书记培训会暨海星外语微党课上讲课

孔宪豪，1932年生，浙江鄞县人。中共党员。教授。

1979—1982年，历任上海工业大学计算机系副主任、副教授、硕士生导师。1982—1986年，任上海工业大学工业自动化系主任。1986—1988年，任上海工业大学教务处处长、成人教育部主任。1988—1990年，任上海工业大学教务长。1990—1994年，任上海工业大学副校长。

1953年，毕业于上海交通大学。1953—1957年，任上海第二机器工业学校电工学科教师、电工实验室主任。1957—1958年，任上海机器制造学校电工学科组、电工实验室主任。1958年后，在上海机械专科学校、上海交通大学、上海机械学院、合肥工业大学、清华大学等单位任教任职。

曾获1981年度上海市科技成果奖三等奖。

为中国共产党上海市第五次代表大会代表。

1993年11月，孔宪豪（中）在上海工业大学举办的全国高校学分制讲习研讨班上

1990年，上海工业大学科研处编《上海工业大学人物传略》（部分）

艾维超，1913年生，上海人。中国民主同盟成员。教授。

1962—1967年，任上海工学院电机工程系副主任。1979年，任上海工业大学副校长、学报编辑委员会主编。1980—1983年，历任上海工业大学第一、第二、第三届学术委员会主任，校务委员会副主任，校学位评定委员会主任，第二届学报编辑委员会主编。1984年，曾率团赴美考察电子技术。1985年，任上海工业大学学衔委员会主任。

1936年，获清华大学电机专业理学硕士学位。曾任中山大学教授。1949年后，历任燕京大学教授、机械系代主任，清华大学教授。长期从事电机理论的教学和研究，主持多项科研项目。

曾获上海市1978—1979年度重大科技成果奖。1985年，获国家科技进步奖二等奖。为上海市第八届人大代表、上海市第六届政协委员。

艾维超（中排右三）在上海工业大学参加教师座谈会

平杰,1958年生,上海人。中共党员。博士。教授。

1982—1994年,任上海科学技术大学体育部党支部书记。1994—2003年,任上海大学体育部副主任。

1975年,参加工作。2004年,获上海体育学院体育人文社会学博士学位。2003—2009年,任上海市教育委员会体卫艺科处处长。2009年,任上海体育学院副院长。现任上海中侨职业技术大学党委书记、副校长兼上海市教委派驻民办高校督导专员。曾兼任上海市学校卫生保健协会副会长、科技部专家数据库成员、教育部学位评审专家。

1991年、1993年,获上海市高校优秀青年教师荣誉称号。

2023年3月,平杰在上海中侨职业技术大学春季学期"开学第一课"上讲课

卢志杰，1924年生，浙江宁海人。中共党员。

1958年，任上海科学技术大学筹备委员会办公室主任。1980—1985年，任上海科学技术大学副校长。

1944—1946年，就读于四川大学，参加中共地下组织领导的理论与实践社，开始研读马克思著作。1945年，参加并具体负责新民主主义青年协会。1946年，转学至复旦大学。1947年，参加中共地下组织，任复旦大学党支部负责人。1948年，受命到苏北华中党校学习。1949年，任华东团校党支部书记、马列主义教研室负责人。1956年，任上海市哲学社会科学联合会秘书长、上海社会科学院历史研究所党支部书记。1986年离休，后组建上海振华科技教育开发中心并任主任、董事长。

1983年5月，卢志杰（右）在上海科学技术大学贵宾室观赏著名画家顾振乐挥毫

叶盛，1962年生，浙江杭州人。中共党员。

1984年，毕业于上海大学文学院社会学专业。

曾任上海市黄浦区人民防空办公室党委副书记、主任等职。2015—2018年，任上海市黄浦区人民政府办公室副主任、区人民政府机关事务管理局局长。2018—2023年，任上海中恒（集团）有限公司党委书记、董事长。

2019年9月，叶盛在中恒集团企业发展推进会上发言

2022年1月，叶盛讲授学习党的十九届六中全会精神体会专题党课

冉峰，1954年生，山东人。中国民主同盟成员。教授。

1982年，毕业于上海科学技术大学电子仪器与测量专业。1987年，获上海工业大学理论电工专业硕士学位。1987—2003年，先后任上海工业大学、上海大学讲师、副教授。2003年后，任上海大学机电工程与自动化学院教授、博士生导师，上海大学微电子研究与开发中心主任，教育部新型显示技术与应用集成重点实验室第一副主任。2004—2008年，任上海大学国家大学高新技术园区副总经理。

曾兼任江苏省专用集成电路设计重点实验室学术委员会委员，上海仪电控股（集团）公司技术专家委员会委员，半导体学报理事会理事，上海集成电路行业协会理事会理事，上海市科技发展重点领域技术预见专家，国家01、02、03重大专项评审专家，国家"十二五""十三五"和"十四五"重点研发计划评审专家，国家科学奖会评专家。

2013年，获上海市科技进步奖一等奖；2009年、2014年、2021年，先后获上海市科技进步奖二等奖；2001年，获上海市科技进步奖三等奖。曾获上海市INTEL优秀教师奖、上海市优秀教师育才奖。

为中国民主同盟上海市委员会委员，中国民主同盟上海大学委员会常务副主任委员，中国民主同盟上海市第十二届科技专委会委员；上海市闸北区第十一、第十二、第十三届政协委员，政协科技专委会副主任委员。

冉峰获2013年度上海市科技进步奖一等奖

白中治，1965年生，甘肃金塔人。中共党员。博士。研究员。

1993年，获上海科学技术大学数学系计算数学专业理学博士学位。

1993—1995年，在复旦大学数学研究所做博士后研究。1988—1990年，历任兰州大学数学系助教、讲师。1995—1998年，任中国科学院计算数学与科学工程计算研究所副研究员。1998年起，任中国科学院数学与系统科学研究院研究员。曾任中国计算数学学会常务理事、秘书长，中国工业与应用数学学会理事。多次应邀在国际会议上做主旨报告，多次任国际会议共同主席及组织委员会或科学委员会成员。曾任 Journal of Computational and Applied Mathematics、Numerical Algorithms、Numerical Linear Algebra with Applications 和《计算数学》等国内外重要学术刊物的编委。2019年，被俄罗斯南部联邦大学授予荣誉博士学位并受聘为计算力学实验室创始主任。2019—2021年，任俄罗斯联邦政府基金首席科学家。曾发表SCI论文190余篇，在国际应用数学权威出版社SIAM出版专著1部；连续多次在爱思唯尔中国高被引学者榜单中名列前茅；2016—2020年，连续五次跻身汤森路透 ISI Web of Science 全球高被引科学家行列。2003年，与美国科学院、工程院和艺术科学院院士、斯坦福大学教授 Gene H. Golub 等所提出的HSS迭代方法被公认为是矩阵计算的里程碑，也是线性代数方程组迭代方法研究领域近20年来最重要的进展之一。2006年，入选新世纪百千万人才工程；2010年，入选中国科学院百人计划（D类）。

1995年，获国家教委科技进步奖三等奖；1998年，获中国科学院自然科学奖三等奖；1999年，获中国科学院青年科学家奖二等奖、中国科学院优秀青年荣誉称号；2005年，获国家杰出青年科学基金；2009年，获第八届冯康科学计算奖。

2019年11月，白中治在随机迭代方法与理论研讨会上做学术报告

2021年12月，白中治在上海交通大学数学科学学院做学术报告

白杰，1970年生，北京人。中共党员。博士。

2009年，获上海大学法学博士学位。

1992年、1995年，先后获中国人民大学学士、硕士学位。1995年，参加工作，历任共青团北京市宣武区委副书记、书记，北京市宣武区广内街道办事处主任、工委书记。2007—2013年，历任北京市宣武区委宣传部常务副部长、宣武区文化创意产业办公室副主任，宣武区精神文明办公室主任、宣武区文化创意产业办公室副主任、宣武区文化委员会党组书记、宣武区广安产业园筹委会常务副主任（兼）、北京市对外宣传领导小组办公室宣传活动处处长。2013—2015年，任北京市对外宣传领导小组办公室副主任。2019年后，任北京市文物局党组成员、副局长，首都博物馆党委书记。兼任北京市哲学社会科学北京学研究基地特邀研究员、北京联合大学客座教授。

2020年9月，白杰主讲中国博物馆公开课
第十二讲"'首博展览'及其解析"

2022年8月，白杰出席北京金漆镶嵌艺术博物馆开馆仪式

白蕉（1907—1969），原名何馥，字远香，号旭如，上海人。书画家。与黄宾虹、高二适、李志敏合称"20世纪文人书法四大家"，与徐悲鸿、邓散木并称"艺坛三杰"。20世纪60年代，在上海市美术专科学校任教。

1923年，考入上海英语专修学校。1927年后，任鸿英图书馆《人文月刊》编辑、图书馆主任。1937年，执教于上海光华大学附中。抗日战争全面爆发后，被公推为家乡金山各界民众抗敌后援会会长。1949年后，到上海市文化局工作，其间参与恢复上海图书馆，筹建上海中国画院、上海书法篆刻研究会和上海工艺美术研究室。1962年，在上海市青年宫书法学习班任教。曾任上海中国画院筹委会委员兼秘书室副主任、中国美术家协会上海分会会员、上海中国画院画师、上海中国书法篆刻研究会专职干部。曾主编《人文月刊》，著有《云间谈艺录》《济庐诗词》《书法十讲》等。

白蕉书法对联

包伯荣，1936年生，江苏常州人。中共党员。教授。

1995年后，曾在上海大学化学与化工学院射线应用所、理学院化学系任教授、博士生导师。

1958年，毕业于北京大学化学系。1979—1981年，在英国伦敦哈曼斯密思医院及曼彻斯特大学化学系进修。1958—1961年，任中国科学院山东分院物理研究所研究实习员。1961—1995年，历任中国科学院上海原子核所研究实习员、助理研究员、副研究员、研究员。1993年，被国务院学位办批准为放射化学博士生导师。长期从事核化学与放射化学的教学与研究，1980年后长期与老科学家张家骅合作从事钍的核能利用的基础研究。

1986年，获上海市科技进步奖三等奖；1987年，获中国科学院科技进步奖二等奖；1990年，获中国科学院科技进步奖二等奖；1991年，获中国科学院科技进步奖三等奖、获中国科学院"七五"重大研究任务先进工作者荣誉称号、国家科委及国家高技术能源领域专家委员会的表彰证书；1994年，获中华全国侨联先进个人证书及爱国奉献奖；1998年，获宝钢优秀教师奖；2001年，获中国人民解放军科技进步奖三等奖；2005年，获上海市科技进步奖二等奖。

包伯荣参加北京大学化学学院54级校友聚会时留影

宁莉娜，1958年生，辽宁开原人。博士。教授。

2008年后，任上海大学哲学系教授、博士生导师。

1982年、2001年、2008年，先后获黑龙江大学学士、硕士、博士学位。1975—1978年，为黑龙江省林口县下乡知青。1982—2008年，任黑龙江大学哲学与公共管理学院教授、硕士生导师，兼任上海市逻辑学会会长、中国逻辑学会副会长、中国逻辑学会归纳逻辑专业委员会副主任。长期从事中西方逻辑思想比较、中国逻辑、归纳逻辑的研究与教学工作。

曾获省级哲学社会科学成果奖一等奖2项。

2017年，宁莉娜在教育部哲学社会科学重大攻关项目"高校思想政治理论教育课程体系建设研究"课题研究推进会上讲话

曲辰，1927年生，吉林白城人。中共党员。

1977年，任上海科学技术大学党委副书记、校革委会副主任；1978年，任校党委副书记、副校长。1984年，调上海科学技术大学分校，任党委书记、顾问。

1945年，参加革命工作，历任八路军冀东军区办事处军校事务长、辽宁省朝阳县第一区区长、县税务局局长、冀察热辽长城银行朝阳办事处主任。1949年后，历任江西省抚州地区人民银行副行长，中共江西省委财贸部副处长、处长。1960年，任职于中共中央华东局财贸政治部。

曲辰（左一）与校长杨士法（左二）等视察校园

吕建昌，1954年生，浙江人。中共党员。教授。

1984年，入职上海大学，历任文学院历史系讲师、副教授、教授、博士生导师、文化遗产与信息管理学院教授、上海大学中国三线建设研究中心主任。

1989年，获复旦大学历史系硕士学位。兼任工信部国家工业遗产评审专家、国家文物局博物馆十大陈列精品评审专家、上海市文物局评审专家、中国博物馆协会博物馆管理专业委员会委员、复旦大学文博系兼职教授。为国家社科基金重大项目（编号：17ZDA207）首席专家。著有《博物馆与当代社会若干问题研究》等。《近现代工业遗产博物馆研究》科研成果入选2015年国家哲学社会科学成果文库。

2019年1月，吕建昌在四川大学历史文化学院演讲

2020年夏，吕建昌在攀枝花兰尖煤矿兰尖社区博物馆调研

朱金福，1955年生，江苏金坛人。博士。教授。

1989年，获上海工业大学上海市应用数学和力学研究所固体力学专业工学博士学位。

1989—1991年，在南京航空航天大学航空宇航技术博士后站做研究，1991年留校工作，任副教授。1993—1994年，为德国斯图加特大学洪堡学者。1994—2002年，历任南京航空航天大学飞行器系主任、民航学院院长。曾任南京航空航天大学教授、博士生导师，兼任江苏航空学会民航专业委员会副主任委员、江苏省服务质量标准化技术委员会副主任委员、《应用数学和力学》《应用基础和工程科学学报》编委。

曾获江苏省教学改革成果奖特等奖1项，部级科技进步奖一等奖1项、二等奖2项。

朱金福（左一）与钱伟长合影

2020年3月，朱金福上"投身民航，放飞梦想"网络课

朱学勤,1952年生,上海人。博士。教授。

1991—2022年,历任上海大学文学院历史系教师、副教授、教授,曾任上海大学和平与发展研究中心主任。

1992年,获复旦大学历史学博士学位。曾任哈佛大学访问学者。1970年,赴河南兰考插队务农。1972年,进厂做工。1985—1991年,任空军政治学院教师。著有《道德理想国的覆灭——从卢梭到罗伯斯庇尔》《风声·雨声·读书声》《书斋里的革命》《中国与欧洲文化交流志》《思想史上的失踪者》《被遗忘与被批评的——朱学勤书话》等。

曾多次获上海市哲学社会科学优秀成果奖。

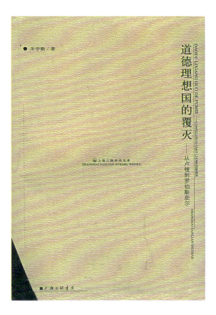

朱学勤著《被遗忘与被批评的——朱学勤书话》书影

朱学勤著《道德理想国的覆灭——从卢梭到罗伯斯庇尔》书影

朱诚，1963年生，浙江绍兴人。中共党员。

1985年，毕业于上海大学文学院历史系历史学专业。

1985—1996年，在中共一大纪念馆群工部工作，后任群工部副主任。1995—1996年，作为上海市宣传系统首批到宣传部机关轮岗的青年干部，在中共上海市委宣传部纪检组轮岗。1996年起，在上海博物馆工作，历任党委办公室工作人员，团委书记，党委办公室副主任、主任，党委副书记，纪委书记。

2006年，获中共上海市委宣传部授予的宣传系统优秀党务工作者荣誉称号。

2016年6月，朱诚出席在意大利罗马威尼斯宫博物馆举办的"上海博物馆藏中国古代瓷器珍品展"开幕式

2022年10月，朱诚在上海博物馆为参加"文物党课"的党员做介绍

朱剑良，1933年生，浙江海盐人。中共党员。

1986年，调入上海大学文学院历史系任副教授。1986—1993年，任上海大学文学院党委书记。1986年，增补为上海大学党委委员。1988年，任上海大学政治学院党委书记。

1949年，考入华东军政大学。1962年，毕业于复旦大学历史系。曾任复旦大学马列主义教研室副主任。

2019年9月，朱剑良作为"庆祝中华人民共和国成立70周年"纪念章获得者代表，参加上海市各界庆祝中华人民共和国成立70周年大会

朱恒夫，1959年生，江苏盐城人。中共党员。博士。教授。

2007年，任上海大学教授。

1985年，获南京大学中文系博士学位。后进入南京师范大学博士后流动站工作，曾到美国加州大学伯克利分校等学校访问与教学。现任上海师范大学教授、博士生导师，兼任《中华艺术论丛》主编、中国傩戏研究会副会长、中国戏曲学会常务理事、上海戏曲学会常务副会长、教育部高等学校中文学科教学指导委员会委员、教育部美育指导委员会委员。长期从事戏曲学、中国古代文学的教学和研究。

1997年，获评江苏省跨世纪学术带头人；1999年，获江苏省委授予的时代之子荣誉称号；2001年，获上海市教育系统优秀党员荣誉称号；2021年，获上海市为人为师为学荣誉称号。2010年，获第十届上海市哲学社会科学优秀成果奖著作类一等奖；2012年，获第十一届上海市哲学社会科学优秀成果奖论文类二等奖；2018年，获第十四届上海市哲学社会科学优秀成果奖著作类一等奖。曾获国家民间文艺著作奖山花奖。

朱恒夫主编《中国傩戏剧本集成》（33卷）书影

朱恒夫在上海师范大学毕业典礼上发言

2015年，朱恒夫在泰州学院做学术讲座

朱晓初（1918—2018），山东潍县人。中共党员。

1979—1983年，任上海工业大学党委副书记兼纪委书记。

1939年，加入中国共产党。1978—1979年，任上海纺织工学院党委副书记。后调至上海机械学院工作。

1994年10月，朱晓初（右一）参加上海市应用数学和力学研究所成立10周年大会

朱鸿鄂（1926—2022），江苏无锡人。计算机专家。

1987年，任上海大学工学院计算机辅助设计（CAD）研究所（筹）所长、教授。

1950年，上海交通大学物理系毕业后留校任教。1954年，调至上海师范专科学校任教。"文化大革命"期间，被分派到上海无线电四厂，参与第四机械工业部组织的黑白广播电视接收机系列的设计工作。1983—1986年，任上海师范大学校长。1991年，与他人合作的"电梯设备与工作程序监视仪"项目获得国家专利。

1979年，获上海市劳动模范荣誉称号。

为上海市徐汇区第二届科协主席，全国政协第七、第八届委员。

1949年，朱鸿鄂（左一）在上海交通大学上院草坪与友人合影（左起：电机系王传善，物理系陆邦干、钱皋韵，数学系杨念如）

朱鸿鄂（左）"讲述那时的故事"

仲星明，1957年生，江苏泰兴人。博士。教授。

2004年，创办上海大学数码艺术学院并任院长。

1982年，南京艺术学院装潢艺术专业毕业后留校任教。1984年，创办南艺彩印研究中心及南艺彩印厂。1993年，在南艺设计系开设计算机辅助设计专业班。1998年，创办南艺二级学院——尚美分院，开设动画、游戏、文化经济、印刷品艺术设计、多媒体艺术设计等专业。为教育部学位与研究生教育评估专家，兼任中国国学院学术委员会常务委员、中国艺术教育促进会计算机艺术教育委员会会长、中国包装联合会设计委员会华东分会秘书长、中国建筑学会室内设计分会第18委员会副主任、全国城市雕塑委员会专家委员、中国动画学会理事。主要从事印刷品艺术设计、环境艺术设计等数码艺术设计专业的教学和科研工作。

2000年，获中国首批优秀包装设计师称号；2001年，获江苏省高等教育教学成果奖二等奖；2003年，获中国建筑学会高级室内建筑师称号；2004年，获国际商业美术A级设计师称号；2011年，获第二届中国澳门国际数字电影节暨数字艺术博览会最佳数码纪录片奖、中国设计事业突出贡献奖、中国学院奖年度人物数字艺术教育贡献奖；2012年，获中国电子视像行业协会中国数字影像年度人物奖。作品曾获世界包装组织"世界之星"大奖，"中国之星"设计奖金奖、银奖、铜奖及"华东大奖"创意设计大赛金奖，中国室内设计大奖赛优秀奖等。

2005年，仲星明在上海大学数码艺术学院揭牌仪式暨首届新生开学典礼上讲话

任慕苏，1954年生，江苏宜兴人。中共党员。研究员。

2000年，入职上海大学，任上海大学复合材料研究中心常务副主任、上海大学材料复合与先进分散技术教育部工程中心副主任、上海大学质量管理办公室副主任、纺织行业碳纤维增强复合材料重点实验室主任。

1979—2000年，任职于上海市纺织科学研究院，兼任中国产业用纺织品行业协会特种纺织品分会副会长、土工用纺织合成材料分会副会长。

1985年，获国家科技进步奖二等奖2项；1991年，获国家科技进步奖二等奖；1992年，获上海市科技进步奖三等奖；1993年，获国家发明奖三等奖；1995年，获国防军工协作配套先进工作者荣誉称号；1997年，获上海市科技进步奖一等奖、香港桑麻基金会桑麻纺织科技奖二等奖；1999年，获上海纺织系统优秀共产党员荣誉称号；2006年，获国防科技工业协作配套先进个人荣誉称号；2008年，获上海市科技进步奖三等奖；2011年，获中国纺织工业协会科技进步奖一等奖；2012年，获国家科技进步奖二等奖、军队科技进步奖三等奖；2014年，获上海市五一巾帼奖；2019年，获庆祝中华人民共和国成立70周年纪念章。

2007年4月，任慕苏出席上海市科教系统市劳模、劳模集体表彰暨座谈会

任慕苏（左二）与孙晋良院士获2012年度国家科学技术进步奖二等奖

华珏靓，1986年，上海人，澳大利亚国籍。

2007年，毕业于上海大学悉尼工商学院物流管理专业。

2009年，获澳大利亚蒙纳士大学计算机科学专业硕士学位。2009年后，在金融领域从事软件研发工作，于2016年创立一家金融科技公司。2009年，加入澳大利亚自由党。在2016年与2019年的联邦大选中，任Hotham自由党众议院的候选人。2016年，当选澳大利亚维多利亚州Kingston市议员，2020年连任。

华钰靓与当地居民沟通

华钰靓访问当地企业

华钰靓与Unified Filipino Australian Elderly Association 的老人在一起联欢

壮云乾（1943—2012），江苏常州人。中共党员。博士。副教授。

1968年，毕业于上海工业大学冶金系。1980年，获上海工业大学冶金系硕士学位。1980年，曾公派赴法国进修，1983年获法国格勒诺布尔高等理工学院博士学位。1985—1994年，曾任上海工业大学冶金及材料工程系副主任，校党委组织部部长，冶金及材料工程系主任，材料科学与工程系主任，机关党总支书记，第六届校工会委员会主席。1986年和1991年，分别当选上海工业大学第三、第四次党代会委员。1994年起，任上海大学副校长、上海大学材料科学与工程系主任等职。

为上海市闸北区第十一届人大代表。

1998年4月，壮云乾与钱伟长校长合影

庄小蔚，1957年生，北京人。教授。玻璃艺术家。

1984年后，在上海大学美术学院任教，曾任学院科研处主任。1998年，受上海大学派遣去英国胡弗汉顿大学美术设计学院玻璃艺术系攻读硕士学位，2000年回国后在上海大学美术学院建立玻璃艺术工作室。

2008—2012年，任上海玻璃博物馆首任馆长。曾任中华人民共和国第八届冬运会大型系列画册《中国形象》总设计、首届东亚运动会大型画册《东亚之光》总设计。为中国日用玻璃协会理事长特别助理、中国建筑和工业玻璃协会特聘专家、国际博物馆协会玻璃专业委员会委员。作品被英国苏格兰皇家博物馆、德国Alexander Tutsek-Stiftung艺术基金会和爱尔兰国立美术设计学院美术馆等机构永久收藏。作品连续数年入选负有盛名的美国国际雕塑和装饰艺术博览会。曾在香港、伦敦、慕尼黑、都柏林、芝加哥、纽约等城市展览玻璃艺术作品，得到当地媒体广泛关注并被美国《时代》周刊报道。

1984年，获国家建材部科技成果优秀奖；1993年，获上海市优秀青年教师荣誉称号；1998年，获上海市科技进步奖三等奖；2005年，获第一届中国现代手工艺学院展学院奖；2006年，获中国国际工业博览会特色展品奖；2009年，获第五届中国现代手工艺学院展优秀奖；2011年，获英国胡弗汉顿大学荣誉教授称号，被评为中国玻璃艺术大师，获中国轻工精品展&玻璃艺术家名家作品展金奖。曾获上海青年艺术节最高成就奖优秀奖、彩色世界全国摄影大奖赛二等奖。

2010年10月，庄小蔚在上海玻璃博物馆展览上致辞

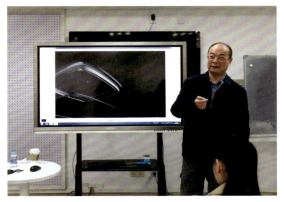

2017年10月，庄小蔚为"文化部、教育部中国非物质文化遗产传承人群研修研习培训计划"学员做讲座

庄小蔚玻璃艺术《行走的人》

刘学尧，1947年生，安徽合肥人。中共党员。研究员。

2003—2008年，任上海大学社会经济规划发展研究院副院长。

1978—1981年，本科就读于安徽大学经济系经济专业。1986年起，历任安徽省政府办公厅调研室副主任、安徽省委办公厅秘书、新华社安徽分社总经理、安徽省蚌埠市委副书记等职。兼任江西长运股份有限公司独立董事、浙江江山欧派门业有限公司独立董事、上海古鳌电子科技股份有限公司独立董事。

2021年11月，刘学尧（左三）在维信智联公司调研

刘宗田，1946年生，山东莒南人。中国民主同盟成员。教授。

2000年后，曾任上海大学计算机工程与科学学院教授、博士生导师。

1970年，毕业于北京航空学院航空材料专业。1982年，获北京航空航天大学计算机软件专业硕士学位。1970—1980年，历任安徽泗县化肥厂技术员、车间副主任。1982—2000年，历任合肥工业大学讲师、副教授、研究员、博士生导师、微型计算机应用研究所所长、计算机学院副院长。主要从事程序证明和程序变换、基于知识的高级语言反编译理论和技术、软件度量学、软件质量管理、软件体系结构、多agent系统、数据挖掘、粗糙集合、概念格等方面的教学和研究。

1987年，获安徽省科学技术协会优秀论文二等奖；1988年，获安徽省科技进步奖二等奖；1989年，获国家机械电子工业部科技进步奖二等奖；1998年，获安徽省科技进步奖二等奖；2003年，获安徽省高等学校优秀成果二等奖。

为安徽省第八届政协委员、中国民主同盟安徽省第九届委员会委员。

2015年4月，刘宗田在上海大学计算机工程与科学学院2015届研究生毕业典礼上发言

刘建荣，1974年生，上海人。高级工程师。

1996年，毕业于上海大学材料科学与工程学院金属压力加工专业。

获上海交通大学工业工程硕士学位。曾任宝钢股份宝钢分公司制造管理部部长助理，宝钢股份特殊钢分公司制造管理部副部长，宝钢股份特钢事业部制造管理部副部长、部长，宝钢特材、宝钢特钢制造管理部部长，制造质保党委书记，宝钢特钢总经理助理，韶关钢铁总经理助理（挂职）。2016年，任宝钢特钢副总经理兼宝钢特钢长材有限公司董事长。2017年，任韶关钢铁集团有限公司党委委员、董事、副总经理（主持工作），兼任广东韶钢松山股份有限公司董事长；后历任韶关钢铁集团有限公司董事、总裁、党委副书记，重庆钢铁股份有限公司总经理、董事长、党委副书记、党委书记，重庆长寿钢铁有限公司董事、总经理。2021年，任新余钢铁集团有限公司党委书记、董事长。

2022年，被评为"2021江西年度十大经济人物"。

为中国共产党江西省第十五届委员会委员。

2021年5月，刘建荣（左二）在新余钢铁集团有限公司调研

2021年5月，刘建荣在新余钢铁集团有限公司会议上发言

刘波，1975年生，山东莱芜人。中共党员。

1998年，毕业于上海大学机电工程与自动化学院自动化专业。

曾任上海中西制药有限公司办公室主任、总经理助理、副总经理，上海信谊药厂有限公司总经理助理兼事业部总经理，上海新亚闵行药业有限公司副总经理，上海医盟汇医药咨询有限公司总经理，上海脉芃医疗科技有限公司总经理。2016年，任耀华医学公益促进会副会长。2021年，任杭州天目山药业股份有限公司总经理、第十一届董事会非独立董事。

刘波参观北京市深化医药卫生体制改革领导小组办公室

刘根元，1945年生，上海人。教授级高级经济师。

1968年，毕业于上海科学技术大学放射化学专业。

1995—2001年，任中国石油化工总公司上海高桥石油化工公司经理。2001—2005年，任中国石油化工集团公司副总经理、党组委员。2003—2006年，任中国石油化工集团公司第二届董事会董事。2005—2008年，任中国石油化工集团资产经营管理有限公司董事长、总经理。2006—2008年，任中国石油化工集团资产经营管理有限公司党委书记。现为中国石油和石化工程研究会名誉理事长、中国化学独立董事兼上海华谊集团公司外部董事。

1998年，获全国五一劳动奖章。

2004年12月，刘根元在中国国企改制与产权交易高峰论坛上演讲

2022年8月，刘根元（左二）参观国家能源集团

刘峰,1969年生,上海人。复旦大学EMBA。

1991年,毕业于上海工业大学计算机系计算机软件专业。

1999年,任上海城市房地产信息技术有限公司常务副总经理。2002年,加入荣威国际控股有限公司,2012年任董事,现任荣威国际控股有限公司执行董事兼行政总裁。

2016年,为上海市嘉定区人大代表。

2021年11月,刘峰参加上海市嘉定区人大代表候选人与选民代表见面会

刘曾荣，1943年生，上海人。教授。

1998—2013年，为上海大学理学院教授、博士生导师，历任上海大学系统生物技术研究所副所长、上海大学非线性科学研究中心副主任。

1966年，本科毕业于华东师范大学物理系；1981年，研究生毕业于安徽大学数学系。1981年后，历任安徽大学数学系教师，苏州大学数学系副教授、教授、博士生导师。1993年，在意大利国际理论物理中心访问；2005年，在加拿大西安大略大学访问；2005年，在新加坡国立大学访问；2006年，在日本大阪产业大学访问。兼任中国振动工程学会的非线性振动专业委员会常务委员。

2000年，获宝钢优秀教师奖、江苏省科技进步奖一等奖；2001年，获上海市科技进步奖二等奖；2007年，获教育部自然科学奖二等奖、上海市自然科学奖二等奖。

2012年，刘曾荣（二排左五）与《应用数学和力学》编委合影

2016年11月，刘曾荣在山西大学做学术报告

江小燕，1939年生，安徽桐城人。中国民主同盟成员。

1988年，到上海大学美术学院美术设计系任教，1994年退休。

1987年，上海第二教育学院中文系毕业后，任上海电视大学校报副刊编辑。

1966年，著名翻译家傅雷夫妇因不堪迫害而弃世。1968年，江小燕偶然获悉傅雷夫妇骨灰无人认领，作为傅雷译著的爱好者，萌生为傅雷夫妇保留骨灰的念头，其孤身到殡仪馆，以傅雷夫妇"干女儿"的身份领走了他们的骨灰盒，并以傅雷的字"怒安"为登记名，将骨灰盒安放在上海永安公墓。又匿名给周恩来总理写信，希望能还傅雷夫妇一个公道。但该信并没有到达周总理手中，而是落入当时的专政机关，江小燕因此被拘押、审讯、批斗。1979年，傅雷夫妇获平反，他们的骨灰盒移入上海革命烈士公墓。傅雷夫妇的长子傅聪回国参加父母的追悼会并听说了江小燕的故事，专门找到她，向她表示感谢，但她只接受了一张傅聪音乐会的门票。音乐会结束后，便默默离去……

江小燕素描写生《丽水古村》

江小燕素描写生《雁荡山》

江寒汀（1903—1963），名上渔，号寒汀居士，江苏常熟人。画家，艺术教育家。1960年，受聘为上海市美术专科学校国画系教授。

16岁师从同里陶松溪习花鸟画，28岁开始卖画为生，中年流寓上海；1948年，任苏州美术专科学校花鸟画教授。1955年，受聘为上海中国画院首批画师。历任中国美术家协会会员、美协上海分会理事。擅长花鸟画，尤以描绘各类禽鸟著称，代表画作有《百卉册》《百兽图》等。1960年，应周恩来总理邀请为人民大会堂绘制巨幅《红梅图》。出版有《江寒汀百兽图》《当代名画家江寒汀》《江寒汀百兽图画册》等。被誉为"海派花鸟画第一人"。

为上海市第二、第三届政协委员。

江寒汀在创作

江寒汀中国画《杏红燕紫》

许正林,1958年生,湖北沙市人。中共党员。博士。教授。

2001年,在上海大学任教,曾任上海大学影视艺术技术学院副院长、新闻系副主任、广告学系主任、广告与品牌研究中心主任、博士生导师。

1992年,获南开大学中国现当代文学专业硕士学位。2001年,获华中师范大学中国现当代文学专业博士学位。曾任湖北省公安县埠河民办小学教师、教务主任,湖北省十堰市第一中学语文教师,中南财经大学新闻系主任,兼任中国广告教育研究会常务理事、中国广告教育研究会副会长、中国广告教育专业委员会常务理事、上海市广告协会常务理事等职。主要研究领域为新闻传播史论、文化与传播、广告理论。

2006年,获上海市第八届哲学社会科学优秀成果奖二等奖;2007年,获上海市育才奖;2008年,获王宽诚育才奖。

许正林在上课

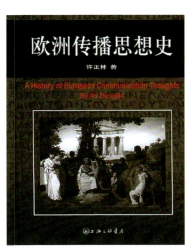

许正林著《欧洲传播思想史》书影

许政暟，1945年生，浙江海宁人。九三学社成员。博士。教授。

2003—2008年，任上海大学生命科学学院院长、教授、博士生导师。

1968年，毕业于复旦大学生物系生物化学与微生物专业。1978年，硕士就读于复旦大学。1980年，受教育部派遣赴美国肯塔基大学植物病理系从事植物病毒TMV和TVMV分子生物学及相关病生理生化研究，获硕士、博士学位。1985年，在美国罗氏公司罗氏分子生物学研究所从事植物病毒WTV的分子生物学博士后研究。1990年，任中国科学院上海植物生理研究所研究员。1995年，任博士生导师。1989—2004年，历任中国科学院上海植物生理研究所所长助理、副所长，中国科学院上海生命科学研究院植物生理生态研究所所长，中国科学院上海生命科学研究院副院长、植物分子遗传国家重点实验室副主任和主任，中国植物生理学会副理事长、理事长。曾兼任上海交通大学生物科学与技术学院副院长，中国植物生理学会、中国生物工程学会、中国微生物学会、中国藻类学会、中国细胞生物学会理事，上海生物工程学会常务理事，上海烟草学会副理事长。

为上海市政协第十一届委员会常务委员。

2020年1月，许政暟（左二）参加上海市文史研究馆在科学会堂举行的迎春团拜会

孙生官，1934 年生，上海人。中共党员。工程师。

1965 年，上海科学技术大学无线电技术专业工人班毕业后留校工作。曾参加过 752、372、331 甲等雷达研制工作。1972—1977 年，历任无线电电子学系革委会副主任、校科研生产组副组长。1977—1978 年，任校革委会副主任。1977—1984 年，任校党委副书记。1978—1990 年，任副校长。1984 年，兼任上海科学技术大学科技开发总公司副董事长。曾兼任校第五、第八届工会主席。

1947—1956 年，在上海恒利木工场当学徒、工人。1956—1959 年，在部队服兵役。1959—1960 年，在上海供电局工作。

孙生官（左五）与工人班同学在一起

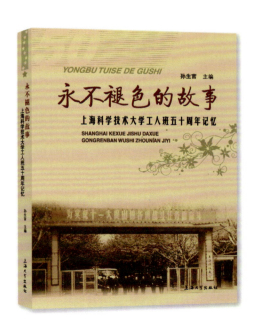

孙生官主编《永不褪色的故事——上海科学技术大学工人班五十周年记忆》书影

杜飞龙，1944年生，浙江鄞县人。中共党员。教授。

1968年，毕业于上海科学技术大学工程力学系。1981年，获上海工业大学机械工程系工学硕士学位后留校工作。1982—1993年，任上海工业大学教师、机械系副主任、教务处副处长、校综合改革办公室副主任（正处级）、副教授。

1970—1979年，任上海后方基地新安电工厂助理工程师。1993—2003年，任上海出版印刷高等专科学校校长、党委副书记、教授。2003—2004年，任上海理工大学副局级巡视员。曾任上海震旦职业学院校长。

1998年，杜飞龙在上海出版印刷高等专科学校毕业典礼上向学生授毕业证书

2014年，杜飞龙参加上海震旦职业学院毕业典礼

杜信恩（1926—2016），中共党员。

1984—1986 年，任上海大学副校长，主持行政工作。

1944 年，参加革命。曾在上海国棉十九厂、市纺织局、市科委担任科长、副处长、处长等职。1966 年，任上海市科委副主任。1979 年，再任上海市科委副主任、党组成员。

1986 年 11 月，杜信恩（右一）出席上海大学美术学院与柏林艺术高等学校校际交流协议书签字仪式

李世平，1964年生，上海人。中共党员。

1985年，毕业于上海科学技术大学自动控制专业。

获东北大学工业自动化专业硕士学位。1985年，任职于宝钢集团有限公司，先后任教培中心讲师、人事部人才开发处主办，上海宝钢国际经济贸易有限公司组织人事部劳动工资室主任和人力资源部、党委组织部部长，宝钢集团有限公司人力资源部、党委组织部部长，宝钢特钢有限公司党委书记，宝钢集团有限公司党委常委、纪委书记。2014年起，历任广东省韶关钢铁公司党委书记、副董事长、董事长、党委书记。现任宝武集团中南钢铁有限公司党委副书记、董事、总裁。

2021年，获广东省优秀共产党员称号。

为第十三届全国人民代表大会代表。

2019年4月，李世平接受《中国冶金报》记者专访

2021年3月，李世平出席第十三届全国人民代表大会第四次会议

李龙元,1960年生,江苏常熟人。博士。教授。

1987年,获上海工业大学上海市应用数学和力学研究所固体力学专业博士学位。

1988—1989年,在美国华盛顿大学做博士后研究。1989—1991年,任德国波鸿鲁尔大学博士后研究员。长期从事冷弯薄壁型钢结构、混凝土结构设计及耐久性、生物材料领域以及有限元数值理论方面的研究工作。先后在英国伦敦大学学院、利物浦大学和纽卡斯尔大学任研究员。1996年,在英国阿斯顿大学任教。2008年,在英国伯明翰大学任教。2017年,任深圳大学土木与交通工程学院讲座教授。现任英国普利茅斯大学海洋科学与工程学院教授、高等工程与交叉学科研究中心主任、工程学部博士点主管。兼任英国工程和自然科学基金会评议委员、英国结构工程师学会会士、英国高等教育研究院会士、亚历山大·冯·洪堡基金会会士、英国皇家特许工程师,并任 *Cement and Concrete Composites*、*Magazine of Concrete Research* 等五家国际权威学术期刊编委。

2018年,李龙元(中)访问东莞理工学院

李幼林，1968生年，湖北麻城人。中共党员。博士。二级巡视员。

2010年，获上海大学思想政治教育专业法学博士学位。

2004年，获上海财经大学工商管理硕士学位。1993—2000年，曾任职于上海船厂党委宣传部、厂长办公室。2001年后，历任中共上海市浦东新区宣传部（文广电视局）办公室副主任、主任、宣传处处长、部务委员。2010年，任中共上海市浦东新区宣传部副部长、区文化广播影视局副局长。2010—2014年，任上海金桥出口加工区管委会副主任、党组成员，上海金桥经济技术开发区管委会副主任、党组成员、纪检组组长。2014—2017年，任上海市浦东新区纪委委员、区委办公室副主任、区委机要局局长。2017—2018年，任上海市浦东新区周浦镇党委书记。2018年，任上海市浦东新区总工会党组副书记、副主席、机关党总支书记，区政协社会和法制委员会主任。

2010年，获上海市思想政治工作研究优秀成果奖。曾获2013—2014年度上海市优秀思想政治工作者荣誉称号。

2017年12月，李幼林向西班牙戈勃朗基金会赠送中国书法

2020年5月，李幼林在全国新区开发区第三十三次工会工作研讨会上发言

李刚，1963年生，陕西西安人。中欧国际商学院EMBA。高级工程师。

1991年，毕业于上海工业大学机械工程系机械专业。后获中欧国际商学院高级工商管理硕士学位。

1994年，进入ABB集团。2012年起，历任ABB中国机器人业务单元负责人、ABB中国机器人及离散自动化事业部负责人、ABB（中国）有限公司高级副总裁。2021年起，任北京遨博智能科技有限公司总裁。曾任多个高级管理职务，全面推动机器人本土研发、生产、系统集成的完善，实现机器人业务连续多年的快速增长，奠定了ABB在中国工业机器人行业的领跑者地位。

2019年，荣获第三届"中国制造2025"企业家国际论坛领军人物奖。

李刚与上海大学方明伦教授

李庆云（1924—2020），山东荣成人。中共党员。

1979—1986 年，历任复旦大学分校党委书记、上海大学文学院党委书记。

1944—1945 年，就读于胶东建设大学。1950—1952 年，任华东革命大学政治研究院班秘书。1952—1978 年，历任复旦大学机关总支书记，组织科副科长，组织部党委委员、常委、副部长、部长，中文系党总支书记，物理系党委书记，党委组织部部长，化学系党委书记。

1985 年，李庆云（右）与到访的香港浸会大学教务长交谈

2013 年 10 月，李庆云参加上海大学文学院为其九十寿庆举行的座谈会

李芸，1964年生。中共党员。高级工程师。

1986年，毕业于上海工业大学化工系环化专业。

历任上海市环境保护科学研究院二室助理工程师、工程师、高级工程师，上海市环境科学研究院环境影响评价研究中心高级工程师、产业中心测试技术研究所所长、中心业务部主任、副总工程师、综合业务部主任。现任上海市环境科学研究院副院长、注册环评工程师、注册ISO14001高级审核员、注册实验室认可评审员、实验室资质认定评审专家，兼任中国测试学会有机质谱分会理事、上海市环境科学学会环境监测专业委员会委员。

曾获上海市科技进步奖2项。获2003—2004年度上海市三八红旗手荣誉称号。

为中国共产党上海市第十一届委员会候补委员。

2018年10月，李芸出席上海铁路运输检察院"环资、食药领域专家智库"成员聘任仪式

2020年11月，李芸在上海市环境科学研究院主讲"四史"学习教育党课

李坦克，1951年生，山东莱阳人。中共党员。

2002—2011年，历任上海大学影视艺术技术学院讲师、副教授。

1969年，应征入伍。1970—1975年，为兰州军区宣传队队员。1975—1978年，就读于上海戏剧学院舞美系。1978—2002年，历任兰州军区歌舞团文工团员、兰州军区政治部创作室创作员。1980年，任甘肃省美术家协会理事。1983年，加入中国美术家协会。2001年，任甘肃美术家协会油画艺术委员会副主任。油画《酒泉》《丝绸之路》入选第二届全国青年美展，壁画《沃土——灿烂的文化》《宝藏——丰富的资源》入选第六届全国美展并获奖，作品被北京人民大会堂甘肃厅选用。出版有《油画风景》等。

曾获全国美术作品展一等奖、全国青年美术作品展三等奖等。

李坦克在创作

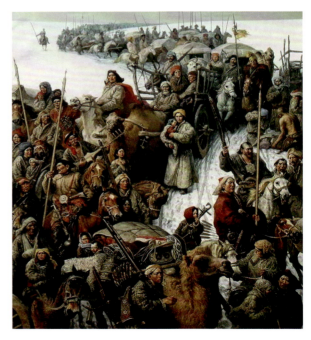

李坦克油画《故土的召唤》

李明忠，1935年生，福建福州人。中共党员。教授。

1990—1994年，任上海大学副校长。1994年，任上海大学副局级巡视员。

1958年，复旦大学数学系毕业后留校任教，历任数学系副主任，校教务处副处长、处长等职。1974—1976年，为上海市支援西藏大学教师赴拉萨工作并任校领导小组成员。1985—1990年，任上海市高等教育局副局长。1990年，赴美国特拉华大学进修并开展合作研究。长期从事积分方程和偏微分方程理论及其应用的研究。

曾获国家教委优秀成果奖、国家教委科技进步奖二等奖和三等奖。

李明忠（左一）参观上海大学美术学院艺术成果展

李詠森（1898—1998），江苏常熟人。中国水彩画开拓者。

1959年后，兼任上海市美术专科学校国画系、油画系、工艺美术系教授。

1920年，考入上海商务印书馆图书部。1922年，创办常熟美术学会。1924年，毕业于苏州美术专科学校；同年，在上海和丁光燮等创办《太平洋画报》。1928年，在中国化学工业社任美术设计并进行西画风景写生和创作。抗日战争后，任苏州美专沪校主任兼水彩画教授，后任副校长。1953年，任上海美术专科学校图案系教授；后任上海轻工业局日用化学公司美术设计组组长。1959年，任同济大学建筑系水彩画教授，同年协助筹建上海轻工业学院。曾为中国美术家协会会员、中国美术家协会上海分会理事、上海市文史研究馆馆员。参与发起与创立上海水彩画研究会和上海粉画学会并分别任名誉会长。精于水彩画，风格写实写意兼融，代表作有水彩画《白菊花》《绣球花》《钢铁厂的早晨》等。出版有《李詠森水彩画选》《水彩画临本》《水彩画技法》等。

1988年，与夫人邵靓云在上海美术馆举行双人画展并将部分作品捐赠给美术馆，获上海市文化局奖状。

李詠森水彩画《古建筑前的银杏树》

李詠森水彩画《上海中山公园樱花》

李泉生，1963年生，福建泉州人。

1990年，任职于上海工业大学。1992年，获上海工业大学机械学专业硕士学位。

1999年，任上海浦东科技投资有限公司董事。2003年，任上海隆源双登实业股份有限公司董事长兼总经理、怡和创业投资集团副总经理。2007年，任长三角创业投资企业主管合伙人，上海鼎嘉创业投资管理有限公司合伙人、执行总裁。2010年起，任苏州达泰创业投资管理有限公司创始人兼主管合伙人。为清华企业家协会上海分会主席。

2019年，获长三角区域优秀创业投资家荣誉称号。

2019年8月，李泉生出席上海陆家嘴股权投资峰会

2020年3月，李泉生出席达泰基金落户江苏南京江北新区暨项目入园签约仪式并致辞

李艳玲，1964年生，内蒙古奈曼旗人。中共党员。博士。

2000—2001年，任上海大学文学院党委副书记。2002年后，历任上海大学学生处处长、校长办公室副主任、文学院党委副书记、房地产学院党委副书记。

1985年、1997年，先后获辽宁大学历史系学士、硕士学位。2000年，获东北师范大学历史学博士学位。曾任上海市妇女联合会联络部部长、主席外事助理等职。2015—2021年，任上海电力学院党委副书记、纪委书记。2021年起，任上海音乐学院党委副书记、纪委书记、监察专员。

2020年9月，李艳玲在上海历史博物馆出席"与巾帼大咖同频博物馆盛宴"活动

2022年1月，李艳玲出席上海音乐学院纪委"学习贯彻党的二十大精神暨纪检监察干部廉政音乐党课"并讲话

李峰，1964年生，上海人。中共党员。研究馆员。

1987年，毕业于上海大学文学院考古与博物馆专业。

1987年，进入上海博物馆工作，曾任办公室主任。现任上海博物馆党委委员、副馆长，上海博物馆文化创意有限公司法人代表，中国博物馆协会文创产品专业委员会副主任委员，上海市博物馆协会副会长。1994年，获国家文物局考古领队资质。2010年上海世博会期间，负责"世博会博物馆""城市足迹馆"两馆开放运营。2012年起，先后负责上海博物馆文保中心改建、上海博物馆大修（一期）、上海博物馆周浦文物库房升级改造、上海博物馆东馆新建工程等基建项目。为国家重点研发项目"文物知识聚合与传播关键技术研究与示范"上海博物馆项目负责人。

曾获2010年上海市"服务世博、奉献世博"立功竞赛活动优秀个人、2018年度上海市重点工程实事立功竞赛优秀建设者荣誉称号。

2021月7月，李峰在上海博物馆东馆建设工地上

2023年1月，李峰参加"从波提切利到梵高——英国国家美术馆珍藏展"开幕式

李崟，1970年生，江苏江阴人。中共党员。博士。

1992年，毕业于上海工业大学精细化工专业。2010年，获上海大学社会学院法学博士学位。

1992—1994年，任上海轻工业研究所助理工程师。1994—2000年，在上海市人民政府法制办公室工作。2000—2003年，在上海市人民政府办公厅工作。2003—2006年，在上海市文化广播影视管理局工作。2006年后，历任中共上海市卢湾区委常委、宣传部部长，中共上海市黄浦区、卢湾区"撤二建一"联合委员会委员，中共上海市黄浦区委常委、宣传部部长，上海市体育局党委副书记。2018年起，任上海体育学院党委书记。

2022年6月，李崟出席中国共产党上海市第十二次代表大会

李梁,1965年生,上海人。中共党员。博士。教授。

2013年,获上海大学思想政治教育专业博士学位。1986—2019年,任职于上海大学,历任社会科学学院教师、嘉定校区教学部副主任、教学副院长助理、副院长,马克思主义学院副院长等职。

2019年起,任教于上海交通大学马克思主义学院。长期从事马克思主义理论与思想政治教育、中国近现代史基本问题、信息技术与教育教学融合创新发展方向的研究和教学工作,曾参与思政课程、课程思政的教学改革,成果于2018年、2014年分获国家级教学成果奖一等奖、二等奖。2019年,作为上海市代表之一参加了习近平总书记主持召开的学校思想政治理论课教师座谈会。

曾获全国优秀教师、全国高校优秀思想政治理论课教师、全国高校思想政治理论课教学能手、上海市高校优秀思想政治理论课教师、宝钢优秀教师奖等荣誉称号。

2015年5月,李梁做"大道至简——中国道路规范性何在"讲座后与上海大学人才学院学生合影

2020年11月,李梁在华南师范大学第37期教学创新工作坊做讲座

李超，1962年生，上海人。博士。教授。

1985—1992年，在上海大学美术学院任教。2002年起，任上海大学美术学院教授、博士生导师，中国油画研究中心主任，上海美术学院副院长。

1984年，毕业于复旦大学中文系。1991年，获中央美术学院美术史系硕士学位。2004年，获中国美术学院博士学位。1992—2002年，在上海油画雕塑院任职。曾任刘海粟美术馆副馆长，兼任中国美术家协会美术理论委员会委员、中国文艺评论家协会造型艺术委员会委员、中国美术家协会会员、上海市美术家协会常务理事、中国油画学会理事等职。主要从事中国近现代美术史、艺术博物馆学、中外艺术交流研究。著有《中国现代油画史》《中国早期油画史》《上海油画史》等。

2021年11月，李超在上海师范大学美术学院做学术讲座

2022年2月，李超在"上美讲堂"做学术讲座

李锁云，1961年生，江苏海安人。中共党员。教授级高级工程师。

1982年，毕业于上海工业大学机械系机械制造专业。

2000年，获哈尔滨工业大学工商管理专业硕士学位。1997年起，历任徐工集团工程机械股份有限公司副总经理、党委常委；徐州工程机械科技股份有限公司董事、党委副书记，铲运机械分公司总经理、党委书记，科技分公司总经理、党委书记；徐州工程机械集团有限公司副总经理、党委常委，起重机械分公司总经理、党委书记；徐州工程机械集团进出口有限公司董事长、党委书记；徐州徐工基础工程机械有限公司董事长；徐州徐工环境技术有限公司董事长。

2019年1月，李锁云（右一）等到力源苏州公司考察

李麟，1946年生，江苏人。博士。教授。

1970年，毕业于上海科学技术大学金属物理专业。1994年起，任上海工业大学、上海大学材料科学与工程学院教授。1999年，任上海大学材料科学与工程学院博士生导师。2004—2014年，任首届上海大学学术委员会委员。

1982年，获山东大学材料学院硕士学位；1988年、1992年，先后获比利时天主教鲁汶大学材料系硕士、博士学位，后继续做博士后研究。1982—1993年，任教于山东大学材料系。2010—2016年，任宝钢汽车用钢开发与应用技术国家重点实验室首届学术委员会委员。曾任中国物理学会相图专业委员会理事、上海市热处理学会副理事长，为美国金属学会（ASM）永久正式会员和美国金属学会丛书编委会编委。出版专著和参编科技图书7种，发表论文300余篇。

1992年，获山东省科技进步奖三等奖；2004年，获上海市科技进步奖二等奖；2005年，获国际相图委员会工业奖；2007年，获中国汽车工业科技奖、中国汽车工业科技进步奖三等奖；2009年，获王宽诚育才奖；2010年，获中国钢铁工业协会、中国金属学会冶金科技奖一等奖；2012年，获中国钢铁工业协会、中国金属学会冶金科技奖二等奖。

李麟出版的专著、教材等

2005年，李麟获国际相图委员会工业奖

2019年，李麟与课题组同事和研究生们举行研讨会后合影

杨剑平，1961年生，江西上饶人。教授。

1989年，进入上海大学工作。1991年，任上海大学美术学院副教授。2008年，任美术学院副院长。2012年，任美术学院博士生导师。

1982年，毕业于景德镇陶瓷学院。后调任复旦大学视觉艺术学院院长、教授，兼任中国雕塑学会副会长、上海市美术家协会雕塑艺术委员会副主任、上海市美术家协会第八届副主席、中国美术家协会理事。2010年，创作上海世博会主雕塑"生生不息"。

1989年，获全国美展作品奖、上海艺术最高奖优秀成果奖、上海艺术节大奖；1990年，获上海青年美展最高奖"三冠杯大奖"、全国体育美展金奖；1991年，获上海首届白玉兰优秀文学艺术作品提名奖、亚运会体育美展金奖；2004年，获美术文献奖；2009年，获新中国城市雕塑建设成就奖。曾获上海市优秀教育工作者荣誉称号。

2018年9月，杨剑平在"曾竹韶雕塑艺术奖学金"获奖作品全国巡展开幕式上致辞

杨剑平雕塑《世纪良心——巴金》

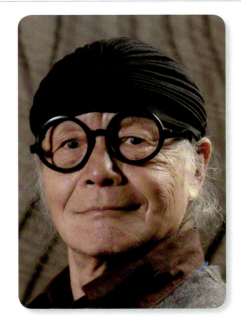

杨夏蕙，1947年生，台湾人。设计师。

2005—2016年，任上海大学数码艺术学院兼职教授、研究生导师，中国建筑文化中心上海大学公共艺术研究院名誉院长。

1962年，任台北国际建筑广告公司美工助理。1967—1990年，历任超然美术设计工作室负责人、总经理等职。1991年，任台湾形象策略联盟主席。1981—1993年，历任台湾艺术专科学校美工科技术教师、岭东商业专科学校商业设计科讲师、静宜大学企业管理学系兼职讲师。1996年后，任广西艺术学院梅高广告分院名誉院长，兼任朝阳科技大学视觉传达设计系讲师、辽宁大学文化传播学院兼职教授、清华大学美术学院博士生导师、亚洲大学创意设计学院专技教授及哈尔滨学院、四川大学艺术学院、黑龙江大学艺术设计学院、天津美术学院设计艺术学院、海南大学艺术学院、厦门大学艺术学院、四川师范大学设计艺术学院、深圳大学艺术设计学院的客座教授。曾任2019光华龙腾奖·中国设计业十大杰出青年终评委、2021光华龙腾奖·中国设计贡献奖金质奖章终评委。

曾获国际平面设计协会联合会颁发的杰出成就奖、2019光华龙腾奖·中国设计贡献奖金质奖章·新中国成立七十周年中国设计70人金质奖章。

2005年3月，杨夏蕙受聘为海南大学客座教授

2005年10月，杨夏蕙在厦门大学嘉庚学院做讲座

杨晓林，1970年生，陕西宝鸡人。博士。教授。

2005年，进入上海大学数码艺术学院，任影视艺术系主任助理、动画系主任助理、学院党委委员、教工党支部书记，上海大学青年教师联谊会数码艺术学院分会会长。

2005年，获苏州大学博士学位。2006—2008年，在复旦大学博士后流动站做博士后研究。2010年，任同济大学电影研究所所长。2011年，受聘为同济大学设计与艺术学科学位评定委员会委员。2013—2015年，任同济大学艺术与传媒学院院长助理。现任同济大学教授、博士生导师。兼任同济大学电影研究所所长，动画专业国家级一流本科专业建设点负责人，教工摄影协会副理事长，上海影视戏剧研究会副会长、微电影委员会主任，中国电影文学学会剧作理论委员会副主任兼秘书长，长三角高校影视学会常务理事，北京电影学院北京影视艺术研究基地研究员，上海作家协会会员，世界文化和自然遗产城市中国广电媒体联盟、山西省文联决策咨询顾问，国家艺术基金专家库专家，中国电影评论学会、中国高校影视学会理事。

2012年，专著《动画大师宫崎骏》获中国高等院校影视学会第七届学会奖著作类一等奖、任编剧的电影《先驱者》入选2011年国家广电总局庆祝建党90周年15部重点献礼片并获上海文艺创作优秀单项成果奖；2022年，主编的教材《影视鉴赏》获中国高等院校影视学会第十五届学会奖教材类二等奖。

2011年，杨晓林出席中国电影评论学会成立30周年论坛

杨晓林在电视连续剧《大秦直道》开机现场

杨雄，1957年生，浙江宁波人。中共党员。博士。研究员。

2005年，获上海大学社会学专业博士学位。

1976年，参加工作。曾任上海社会科学院青少年研究所所长，《当代青年研究》杂志社社长、总编辑，上海儿童发展研究中心主任，上海家庭教育研究中心主任，社会学研究所所长，上海社会科学院社会调查中心主任、慈善研究中心主任等。兼任中国社会学会常务理事、中国社会学会青年社会学专业委员会理事长、中国教育学会家庭教育专业委员会副理事长、上海社会学会副会长、国务院妇儿工委智库咨询专家、上海市消费者保护委员会常务委员、第十三届上海市政协社会法治委员会副主任、"全国社会、市场调查标准化委员会"专家委员、上海市中级人民法院特约监督员、上海市未成年人保护委员会委员等。

曾获全国未成年人思想道德先进个人、全国家庭教育先进个人、全国百名家庭教育公益人物、首届上海十大社会工作杰出人才、中国青少年研究突出贡献奖等荣誉称号。曾获上海市第七届哲学社会科学优秀成果奖二等奖、三等奖，上海市第八届邓小平理论研究和宣传优秀成果奖论文类二等奖；上海市第十一届中国特色理论体系研究和宣传优秀成果奖二等奖；上海市第七、第八届决策咨询优秀研究成果奖二等奖；中国家庭教育学会优秀成果奖一等奖。

2013年11月，杨雄出席研讨会

杨新富，1930年生，上海人。中共党员。

1970年，毕业于上海科学技术大学工人班。

曾在上联电工器材厂工作，因实施技术革新，使生产效率提高364倍，于1960年3月受到毛泽东主席的接见，同年5月，被任命为工人工程师。曾任上海交通大学机电分校电子电气工程系副主任。1984年，创办上海科学艺术应用开发公司。1985年，举办国际化妆品对比展览会。1988年，创办上海现代自动化应用研究所。

1959年，获全国先进生产者、全国劳动模范荣誉称号，同年底参加全国群英会；1960年，因"创造性劳动赢得了高速度，一项革新提高效率三百多倍"而被团市委授予"红旗青年突击手"称号。

为上海市第二至第五届人大代表。

杨新富（左）在向工人班同学王林鹤（中）、李福祥介绍学习经验

杨新富在《永不褪色的故事》（孙生官编著，上海大学出版社2009年版）上发表的文章

杨慧如，1940年生，河北唐山人。中共党员。

1992年，调任上海大学党委副书记、纪委书记兼上海大学妇女工作委员会主任。1994年后，任上海大学党委副书记兼工会主席、妇女工作委员会主任。

1960年，就读于大连海运学院海运管理系，1962年随该系搬迁到上海海运学院，1965年毕业后留校，历任校党委委员、校团委书记、基础部党总支书记、海运学院分院主任、总支书记。1986—1991年，任上海水产大学党委副书记、纪委书记。参与主编的《邓小平理论研究丛书》获中宣部"五个一工程"奖。

1999年，上海大学校领导集体合影（杨慧如前排右一）

杨慧洁（1919—2015），江苏姜堰人。中共党员。

1979—1982年，兼任上海工业大学校长。

1930年，就读于北平师大附属中学。曾参加"一二·九"爱国学生运动。1936年，进入北平大学工学院电机系学习。1937年，进入陕北公学、中央党校学习，任中央党校文化教员。1938—1945年，在晋察冀边区工作，历任晋察冀分局机关干事、党校班主任、阜平县委宣传部副部长、组织部副部长、一区区委书记、阜平县委宣传部部长。1945年起，历任晋察冀中央局宣传部干事，石家庄市四区宣传部部长、区长。1948—1951年，历任天津市中纺七厂、三厂党支部书记兼工会工作组长，市纺织工会宣传科科长、副主席，华北纺织局劳动处处长，华北局工业处干事，华北行政委员会轻工业处副处长、纺织工业处处长。1953年，负责国营北京第一棉纺织厂的筹建工作，后任该厂厂长。1958年，任北京棉纺织联合厂副厂长、北京市委工业部副部长。1961年，调任上海市委工业部副部长、城乡"四清"办负责人。1967年，任上海市革委会工业组组长，后任上海彭浦机器厂负责人。1976年，任上海市纺织工业局党委书记、革委会主任。1977年，任上海市委常委，市革委会工业交通办公室党组书记、政治部主任。1979年，调任天津市委常委、市委工业交通工作部部长。1983年，任中共天津市顾问委员会副主任。2002年离休后，兼任全国职工思想政治工作研究会副会长、天津市关心下一代工作委员会名誉会长、天津市老区促进会名誉会长、天津市延安精神研究会名誉会长等职。

为中国共产党第十一、第十三次全国代表大会代表。

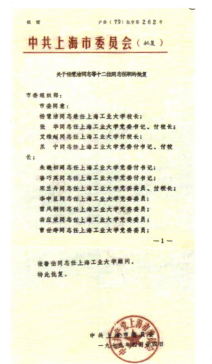

1979年4月，中共上海市委员会关于上海工业大学领导班子任职的批复

2006年9月，杨慧洁等老同志参加下营镇小平安村杨玉纯有机苹果示范园现场验收

肖炳南，1964年生，湖南湘潭人。中共党员。博士。副研究员。

2010年，获上海大学社会学博士学位。

1987—1991年，在北京电子科技学院工作。1991—2004年，在中共中央办公厅人事局（中办机关党委办公室）工作，历任副处级调研员、副处长、正处级调研员。2004年后，历任中共中央办公厅人事局调研员兼中国浦东干部学院办公厅副主任、中国浦东干部学院办公厅副主任、副巡视员。2012年起，任中国浦东干部学院机关党委专职副书记、机关纪委书记、机关工会常务副主席、主席等。2014—2016年，挂职援疆，任新疆维吾尔自治区党委副秘书长。2019年起，任中国浦东干部学院院务委员，机关党委专职副书记、机关纪委书记、机关工会主席。为中国行政管理学会第五、第六届理事会理事，第七届理事会常务理事。

曾获中共中央办公厅优秀团干部荣誉称号，中共中央直属机关精神文明建设委员会优秀论文奖、全国教育科学研究优秀成果奖三等奖和新疆维吾尔自治区嘉奖。

2021年6月，肖炳南出席国务院新闻办公室在中国浦东干部学院举行的中外记者见面会

2022年11月，肖炳南（中）参加上海市党支部建设示范点联建共学活动，参观中国商飞上海飞机设计研究院

肖衡，1963年生，湖南衡阳人。博士。教授。

1990年，获上海工业大学上海市应用数学和力学研究所博士学位。2011—2017年，任上海大学理学院教授。

1990—1992年、1992—1994年，分别在西北大学现代物理研究所和北京大学数学科学院做博士后研究。1986—1987年，在湖南大学工程力学系任教。1994年，任北京大学数学科学院副教授。1995—1997年，任德国鲁尔大学土木与环境工程学院洪堡访问教授；1998—2003年，任该学院科研助理；2003年起，任教授兼总工程师。2011—2018年，任中国商发集团专家。2018年，入职暨南大学力学与建筑工程学院，现为该学院教授、博士生导师。兼任德国暨欧洲应用数学和力学联合会主办期刊 *ZAMM—J. Appl. Math. Mech.* 编委和《应用数学和力学（英文版）》编委以及英国Emerald全球出版集团旗下刊物 *Multidiscipline Modeling in Materials and Structures* 常务共同主编。

2021年，肖衡（右）在"力学的发展与未来"座谈会上发言

2021年，肖衡在暨南大学青年教师座谈会上发言

吴伟，1966年生，江苏南京人。教授级高级工程师。

1988年，毕业于上海科学技术大学无线电专业。

1997—2005年，任深圳创维-RGB电子有限公司副总工程师、总工程师。2005—2009年，历任创维多媒体（海外）有限公司副总裁兼研发中心总经理、彩电事业本部总工程师。2017年，任创维集团有限公司执行董事、总工程师。兼任全国音视频标准化技术委员会委员、中关村视听产业创新联盟副理事长、中国智能制造系统解决方案供应商联盟专家委员会委员、广东省超高清晰度显示工程技术研究中心主任、广东省"推动4K应用与产业发展专家组"成员、广东省电器电子产品绿色制造标准化技术委员会理事长、深圳市智能电视产业标准联盟秘书长。曾主持及参与国家核高基863计划科技支撑计划工信部电子基金等多项国家重大专案的实施。

曾为创维集团获取国家科技进步奖一等奖1项、广东省科学技术奖6项及深圳市科技进步奖7项。

2019年11月，吴伟在大湾区机器人与人工智能大会
5G物联网发展趋势论坛上演讲

吴彤，1967年生，上海人。工程师。

1990年，毕业于上海科学技术大学高分子专业。

曾任上海市工业局所属上海制笔化工厂研发工程师、美资乐泰（中国）有限公司技术服务经理、广州合诚化学有限公司上海分公司总经理、中化国际控股股份有限公司市场部经理。2015年，创办默利卡高分子材料（上海）有限公司并任首席执行官、董事长。2018年，获上海市浦东新区优秀发明专利。默利卡高分子材料（上海）有限公司曾获上海市高新技术成果转化项目，2018年获评上海市高新技术企业。

2016年6月，吴彤参加中国地坪华都群英会第一届技术交流会

吴晓春，1961年生，湖北人。中共党员。博士。教授。

1998—2005年，历任上海大学材料科学与工程学院教授、系主任。2005年，任上海大学材料科学与工程学院副院长、博士生导师。

1996年，获华中工学院工学博士学位。主要从事工模具钢及其表面处理技术、材料相变及功能材料方面的研究工作。兼任中国机械工程学会表面工程分会常务委员、中国物理学会内耗与力学谱专业委员会委员、中国金属学会特殊钢分会模具钢学术委员会第五届委员、中国金属学会特殊钢分会微合金非调质钢学术委员会第五届委员、上海热处理协会副理事长、上海市模具工业协会模具材料分会副主任、美国金属学会中国分会委员。

2004年、2006年、2011年，分别获上海市科技进步奖二等奖；2007年，获宝钢优秀教师奖；2012年，获王宽诚育才奖。

2020年7月，吴晓春在宁波模具发展高峰论坛上做报告

2023年3月，吴晓春在广东省铸造行业协会第五届理事会系列会议上做报告

吴萍，1971年生，浙江人。

1992年，毕业于上海大学工学院计算机工程与应用专业。

2003年，获新加坡国立大学工商管理专业硕士学位。1992—1998年，在上海文化用品总公司工作，历任计算机管理员、会计。1998—2001年，在上海万隆会计师事务所工作，历任计算机系统管理员、项目经理。2003—2007年，在上海复星医药集团股份有限公司工作，历任审计经理、审计总监。2007年后，曾任上海复星化工医药创业投资有限公司副总裁。2002年，作为投资合伙人参与创办上海谱润股权投资管理有限公司，历任副总裁、首席财务官、监事等职。

何陵辉，1964年生，安徽南陵人。博士。教授。

1992年，获上海工业大学上海市应用数学与力学研究所博士学位。

1992—1994年，在中国科学技术大学近代力学系做博士后研究。1994年起，历任中国科学技术大学近代力学系副教授、系主任。2005—2015年，任中国科学院材料力学行为和设计重点实验室主任。现任暨南大学力学与建筑工程学院讲座教授、院长，中国科学技术大学近代力学系教授。主要从事材料与结构的力学行为研究。1998年，入选中国科学院百人计划。

2006年，获国家杰出青年科学基金资助和广东省科学技术奖一等奖。

2017年，何陵辉在暨南大学"名师第一课"上讲课

2020年，何陵辉在"钱伟长星"命名仪式上做学术报告

余忠荪（1936—1999），广东梅县人。中共党员。教授。

1959年，毕业于北京钢铁学院。1962年，调入上海工学院，历任冶金系金相教研室副主任、教工党支部书记、金相专业委员会主任、党支部副书记、冶金及材料工程系主任。1991年，任上海工业大学副校长。1994年，任上海大学副局级巡视员。

1978年，获上海市重大科技成果奖；1982年，获机械工业部科技成果奖二等奖；1985年，获国家科技进步奖三等奖；1986年，获国家计委、科委财政部颁发的"六五"攻关奖，同年获评市优秀教育工作者；1994年，获上海市科技进步奖二等奖；1995年，获国家科技进步奖三等奖。

余忠荪（右）工作照

余晨,1968年生,浙江椒江人。中共党员。

1990年,毕业于上海科学技术大学无机非金属材料专业。后获工商管理硕士学位。

历任中国科学院上海分院人事教育处干部,上海市国际贸易促进委员会展览部副部长、部长、团委书记,上海市国际贸易促进委员会副秘书长、财务部部长,上海市国际贸易促进委员会党组成员、秘书长、副会长、机关(直属)党委书记。2021年,任上海市知识产权局党组成员、副局长。

2018年8月,余晨在首届中国国际进口博览会倒计时80天——"服务进博 建行方案"发布会上发言

狄勤丰，1963年生，江苏溧阳人。中共党员。博士。教授。

2002年起，任上海大学理学院、上海市应用数学和力学研究所教授、博士生导师。

1984年，毕业于华东石油学院开发系钻井工程专业。1987年，获华东石油学院北京研究生部油气井工程专业硕士学位。1997年，获西南石油学院石油工程系油气井工程专业博士学位。1997—2000年，在西北工业大学航天、宇航科学与技术博士后流动站工作。曾任西安石油大学教授、系主任助理。兼任上海市力学学会第九届理事、《石油钻探技术》编委。主要从事工程力学、石油工程中的力学问题及应用技术研究。2010年，入选上海市领军人才；2012年，入选上海市优秀学术带头人。

1991年，获中国石油天然气公司科技进步奖三等奖；2003年，获新疆维吾尔自治区科技进步奖三等奖；2004年，获广东省科技进步奖二等奖；2005年，获中国石油化工集团总公司科技进步奖三等奖；2006年、2014年、2010年，分别获上海市科技进步奖一等奖、二等奖、三等奖；2014年，获中国石油和化学工业联合会科技进步奖二等奖；2015年，获中国石油和化工自动化应用协会技术发明奖二等奖。

2015年10月，狄勤丰在第七届低场核磁共振技术与应用研讨会上发言

狄勤丰在给学生上课

应野平(1910—1990),浙江宁海人。中共党员。

1960年,任教于上海市美术专科学校。1983年,任上海大学美术学院学术委员会副主任、教授。

1923年,在上海模范工厂电刻部当学徒,后为富华公司画工,后入吴昌硕的海上题襟馆及黄宾虹、钱瘦铁的蜜蜂画社,攻山水画。1942年,首次举办个人画展。1949年前,曾任新华艺术专科学校教授。1949年后,任华东美术家协会创作干部、上海人民美术出版社编辑室副主任。1954年,任华东美术家协会专职画师,次年任上海画片出版社编辑室副主任。曾为中国美术家协会会员,中国书法家协会会员,上海美术家协会常务理事、艺术顾问,上海中国画院画师,上海市文史研究馆馆员。出版有《应野平山水画辑》《应野平山水画册》《应野平画辑》等,拍摄有电影教学片《应野平山水画技法》。

中国画《澜沧江畔》入选第六届全国美展优秀作品展,《水墨山水》获日本"86现代水墨画展"优秀奖。

曾为上海市政协委员。

应野平在酷暑中给同学们上示范课

应野平中国画《雄关漫道真如铁》

汪大伟，1954年生，安徽歙县人。教授。

1983年起，在上海大学美术学院任教，历任上海大学美术学院国画系副主任、主任，上海大学美术学院副院长、博士生导师。

1982年，浙江美术学院国画系毕业后分配至上海美术学校任教。1989年，获浙江美术学院硕士学位。为中国美术家协会理事、上海美术家协会副主席、上海市第五届文化艺术联合会委员、上海地铁建设环境艺术委员会委员、上海艺术博览会艺术委员会委员。2019年，任上海市美术家协会第八届顾问、上海市文联副主席。主要从事多媒体与城市公共艺术等方面的教学和研究。代表作品有上海南京路下沉式广场设计，轨道交通七号线、八号线整体设计，2010中国博物馆整体设计，上海宝山国际民间艺术博览馆整体设计等。

曾获上海市教学成果奖二等奖、上海市高校教材奖一等奖。

2018年8月，汪大伟主持首届全国工艺美术作品展发布会

2019年4月，汪大伟在"2018—2019最美地铁站评选"颁奖典礼上致辞

汪义平，1962年生，安徽东至人。博士。哥伦比亚商学院MBA。

1982年，毕业于上海工业大学工业自动化专业。

1988年，获上海交通大学医学院博士学位。1993—1995年，任纽约神经学学院博士后研究科学家。1996年，获美国哥伦比亚大学工学博士学位。1997年，获哥伦比亚商学院工商管理（MBA）学位。20世纪80年代末，参与投资上海和深圳的最初期股票市场。90年代进入华尔街，曾任职于美国投行所罗门兄弟、史密斯巴尼（Smith Barney）和花旗集团（Citigroup）。1996年，任美国投行史密斯巴尼分析师。1997年，任投行所罗门兄弟自营交易员，同年获公司唯一的"未来领袖"大奖。1999年，创立美国Jasper资产管理有限公司（Jasper Asset Management, LLC）。2011—2012年，任中国银河证券资产管理总部董事、总经理。2012年起，历任长江商学院投融资课程的客座教授、深交所博士后联谊会北京分会特聘顾问。2013年，任深圳创立大岩资本管理有限公司CEO。

2019年4月，汪义平在私募证券基金业发展大会上演讲

汪丹，1975年生，湖北英山人。中共党员。博士。

2008年，获上海大学社会学专业博士学位。

1998年、2001年，先后获华东师范大学政法系学士、硕士学位。历任中共上海市委组织部组织处副主任科员、主任科员和组织一处主任科员、副处长，上海市委研究室党群处调研员，上海市闵行区社会建设工作委员会党委副书记、闵行区社会建设办公室主任、闵行区委组织部副部长、闵行区社会建设工作委员会党委书记，中华企业股份有限公司副董事长、党委书记。现任上海闵虹（集团）有限公司党委书记、副总经理。

2020年11月，汪丹在上海海事大学调研座谈会上发言

汪均益，1944年生，安徽歙县人。中共党员。

1966年，毕业于上海科学技术大学核物理专业。

1994—1995年，在美国纽约大学进修。曾任上海市房地产管理学校党总支副书记、副校长，上海市房地产管理局组织处副处长。1983—1986年，任上海市房地产管理局副局长。1986—1994年，任上海市政府机关事务管理局局长、党组书记。1995年起，任上海市对外经济贸易委员会（上海市外国投资工作委员会）副主任。1999年起，兼任2010年上海世博会申办工作领导小组办公室主任。2003年起，兼任上海世博会执行委员会委员，上海世博会事务协调局党组副书记、副局长，上海世博集团监事会主席。

为上海市第九届人大代表、上海市政协第十届委员会常务委员。

2002年3月，汪均益接受中央电视台采访有关2010年上海世博会申办情况

2022年9月，汪均益在上海安徽经济文化促进会成立30周年庆祝大会上发言

汪敏，1957年生，上海人。中共党员。教授。

1982年，毕业于上海科学技术大学无线电系。1987年，获上海交通大学通信与电子系统专业硕士学位。1987年后，曾任上海科学技术大学无线电系讲师、副教授。2000年后，历任上海大学通信与信息工程学院常务副院长，上海大学党委常委、副校长。兼任教育部科技委员会委员、中国电子学会高级会员、上海市电子学会副理事长、上海市通信学院常务理事、上海市信息学会理事。长期从事数字通信与网络技术、宽带综合业务接入网技术和光电传感网络技术等方面的研究和教学工作。

1992年，获上海市科技进步奖二等奖；1993年、1996年，获上海市高校优秀青年教师荣誉称号；1996年，获宝钢优秀教师奖；2000年，获上海市科技进步奖三等奖；2008年，获上海市科技进步奖一等奖。

2015年1月，汪敏接见到访的芬兰坦佩雷大学代表团

2017年3月，汪敏在上海大学2016版会展蓝皮书新书发布暨学术研讨会上发言

汪曜，1973年生，上海人。中欧国际工商学院MBA。

1995年，毕业于上海大学材料科学与工程学院铸造专业。

1995—1998年，任上海汽车集团股份有限公司上海汽车铸造总厂现场管理工程师。1999年，获中欧国际工商学院工商管理（MBA）学位。1999—2004年，任德隆国际战略投资有限公司战略投资委员会高级项目经理及下属公司中企资产托管有限公司副总经理。2004—2006年，任宏普投资控股（中国）有限公司投资部经理。2006—2011年，任纽约证券交易所上市公司滨特尔有限公司亚太区并购总监。2009—2010年，兼任滨特尔有限公司下属公司北京滨特尔洁明环保设备有限公司总经理。2011—2014年，任纽约证券交易所上市公司尚德太阳能电力有限公司投资和资产管理副总裁。2014—2022年，任上海复星医药（集团）股份有限公司副总裁。

2022年3月，汪曜在BFC外滩金融中心复星上海总部举行的复星·星未来创业营三期开学典礼上致辞

沈四宝，1946年生，上海人。博士。教授。

2008—2016年，任上海大学法学院院长。

1970年，毕业于北京大学法律系。1981年，获北京大学法律系法学硕士学位。1981年、1999年，曾两次赴美国纽约哥伦比亚大学法学院学习。1993年，任对外经济贸易大学法学院教授、博士生导师。1994年，创办北京华贸硅谷律师事务所。1994—2008年，任对外经济贸易大学法学院院长。1996—2006年，任第四、第五届国务院学位委员会法学评议组成员。2002年，任中央高级干部讲师团成员和中央法制讲座主讲人。2003年，任最高人民法院专家咨询员。2004年，任中国国际经济法学研究会会长。2008年，任教育部社会科学委员会委员、中国仲裁法研究会副会长。现为中国国际经济贸易仲裁委员会顾问、专家委员会成员。

2021年3月，沈四宝在对外经济贸易大学涉外法治研究院成立大会暨首届涉外法治高端论坛上发言

沈四宝著《法律的真谛是实践：沈四宝演讲录》书影

沈乐平，1973年生，浙江德清人。动画导演。

1996年，毕业于上海大学包装工程专业。

1996—2000年，任《虚拟人生》《春秋英雄传》《天机》等游戏企划。2001年，创办国内第一本电子竞技类平面读物《游戏天才》杂志并任总编。2005年，创办杭州玄机科技股份有限公司，策划、制作中国首部大型3D武侠动画系列《秦时明月》并任导演、编剧。2014年，任《秦时明月》首部动画大电影《龙腾万里》的总编剧、总导演、总制片人。此后，任多部动画长篇的导演和编剧。现任杭州玄机科技信息技术有限公司董事长。

曾获全国六十余个奖项，其中包括中宣部"五个一工程"奖、星光奖、美猴奖、白玉兰奖、金龙奖等各大动漫奖项；连续两年被广电总局评为年度推荐优秀动画片；2009年，获杭州市第二届"文艺桂花奖"优秀新人奖、第四届"杭州文艺突出贡献奖"、国家广电总局国产动画创作人才扶持奖、第十届四川电视节金熊猫奖最佳导演奖；2010年，获浙江省十大文化新浙商、天下动漫风云榜年度动漫新锐最具网络人气奖、第六届中国国际动漫节先进个人；2011年，获天下动漫风云榜年度产业菁英、中国动漫新锐榜十大新锐人物；2012年，获最佳优秀动画创作人才最佳奖、杭州都市圈新锐文创青年人物；2013年，获中国动画学会、广电总局最佳动画导演奖。

沈乐平动画系列作品《秦时明月》海报

沈关宝（1949—2016），上海人。博士。教授。

2001年，任上海大学社会学专业教授、博士生导师。2004—2014年，任上海大学学术委员会委员。曾任《社会》主编、社会学系主任。

1988年，获中国社会科学院社会学系法学博士学位。师从费孝通教授，主要研究小城镇的乡镇企业，为我国高校恢复设立社会学学科后首位博士学位获得者。先后赴英国、美国、日本、加拿大等的名校做学术访问，任名誉教授、高级研究员。曾任海南大学三亚学院教授、副院长兼社会发展学院院长。曾兼任教育部社会学学科教学指导委员会委员、上海市政府决策咨询专家、上海市社会学学会常务理事、上海市社会福利研究会副会长、上海市社区研究中心副主任等。

沈关宝著《一场静悄悄的革命》书影

2012年，沈关宝在广西师范大学讲学

2015年1月，沈关宝在乡村发展与乡村规划学术研讨会上演讲

沈启华，1943年生，上海人。中共党员。

曾任上海大学生命学院团总支书记、上海大学党委宣传部精神文明办公室副主任。

1994年，在赴江西的社会实践中开始了捐资助学之路。近20年来，赴江西贫困山区10余次，帮助援建2所希望小学，长期结对资助20余名学生，为1000余名学生找到了结对者。1996年，景德镇市昌江区丽阳镇余家小学被洪水冲垮，学生无学可上。沈启华接到了当地区委书记的求助信后，四处奔波筹集善款，在他的努力下，一位企业家愿意出资重建学校。1997年，丽阳镇建起了景德镇市第一所国家级希望小学——余家希望小学，沈启华被聘为名誉校长。2006年，沈启华在家人的共同支持下，出资重建丽阳镇丽阳中心小学。2016年，在嘉定区嘉定镇街道的支持下，成立"沈启华工作室"。2022年，嘉定区嘉定镇街道社区党群服务中心联合上海大学悉尼工商学院、沈启华工作室成立"启华爱心基金"。2019年，其好人好事被中央电视台新闻频道报道。

2007年，获评首届感动瓷都十佳人物；2011年，获上海市精神文明办公室授予的上海好心人荣誉称号；2012年，获嘉定区十大杰出人物提名奖；2013年，获嘉定区关心下一代工作突出贡献奖提名奖；2014年、2015年，连续两年入选中国好人榜"助人为乐身边好人"荣誉称号；2018年，获评第二届感动江西教育年度人物；2019年，获上海市教卫工作党委系统社会主义精神文明好人好事荣誉称号；2020年，沈启华家庭被评为第二届全国文明家庭。

沈启华与其资助学生合影

2018年，沈启华获评第二届感动江西教育年度人物

2019年12月，中央电视台新闻频道报道沈启华助学事迹

沈国雄，1940年生，浙江慈溪人。中共党员。

1963年，毕业于上海科学技术大学材料系。

本科毕业后分配至中国科学院上海冶金研究所工作。1979—1981年，在美国康奈尔大学国家亚微米研究中心做访问学者，回国后，任中国科学院上海冶金研究所集成电路研究室副主任、计划处处长、副所长。1992年，调任上海市浦东新区高科技园区总经理，中国科学院上海分院党组书记、副院长。曾任上海市科学技术协会副主席。

参与研制全国第一块集成电路以及小规模批量生产的大规模集成电路，获全国科学大会奖。曾获中国科学院科技进步奖一等奖、二等奖、三等奖，中国科协的全国优秀科技工作者二等奖，上海市科技进步奖二等奖。

2018年9月，沈国雄在第六届中国国际双相不锈钢大会上演讲

沈学超，1946年生，上海人。中共党员。高级政工师。

1974年，上海科学技术大学无线电系雷达专业毕业后留校工作，历任机关政工党总支副书记，校团委副书记、书记，数学系党总支副书记，计算机科学系党总支副书记，人事处副处长，学生处处长。1993年，任上海科技高等专科学校党委书记。1994—2001年，任上海大学副校长。2001—2007年，任上海大学党委副书记。

1991年，获评全国普通高等学校优秀思想政治工作者，上海市普通高等学校优秀思想政治工作者。

为上海市嘉定区第一、第二届人民代表大会代表。

1994年4月，沈学超（左二）等人在上海科技高等专科学校校门前合影

2020年，沈学超在上海大学生命科学学院做题为"上海大学新校区工程建设是钱伟长教育思想的重大实践"讲座

沈培达，1945年生，江苏吴县人。中共党员。

1967年，毕业于上海工学院电机系。

曾任上海吴泾化工总厂党委书记，上海化工局党委副书记，上海市医药管理局党委书记，上海医药（集团）总公司总裁、党委副书记，上海市医药股份有限公司董事长、党委书记，上海医药（集团）有限公司监事会主席。

2018年9月，沈培达参加上海医药集团党委举行的新老领导恳谈会

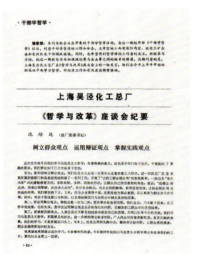

沈培达谈哲学与改革（《毛泽东哲学思想研究》1990年 第4期）

沈增耀，1942年生，上海人。研究员级高级工程师。

1965年，毕业于上海科学技术大学自动控制系自动控制专业。

曾先后任职于上海市一二二工程筹备处、上海六五一研究所、上海物理研究所、上海原子核研究所和上海市七二八工程研究设计院，历任研究室主任、总体技术室副主任、副院长、院长。负责秦山核电厂、巴基斯坦恰希玛核电厂、国和号核电工程等总体及核岛设计工作。1996—2000年，兼任中国勘察设计协会、中国核学会、中国核能动力协会、上海能源研究会、上海基建优化研究会常务理事，上海核学会第七届副理事长，上海建筑学会理事，上海交通大学教授。长期从事核电厂的设计、研究工作以及核电项目设计管理工作。

1978年，获上海市先进工作者荣誉称号。2006年，获核工业集团公司科技指导奖；2007年，获国家科技奖二等奖。

2020年9月，沈增耀参加国家电力投资集团有限公司所属国家核电（上海核工院）组织的纪念七二八工程50周年座谈会

宋兰舟，1915年生，山东人。中共党员。

曾在上海市教育局、新教育学院、上海师范专科学校、上海师范学院任职。1978年，由上海师范学院调入上海工业大学。1979—1980年，任上海工业大学党委委员、副校长兼校人防领导小组组长、冶金分院院长。1980年，调任上海教育学院院长。

为上海市闸北区第七届人大代表。

宋兰舟在《上海教育》1959年第7期上发表的文章（部分）

宋学东，1958年生，浙江余姚人。中共党员。

1986年，毕业于上海大学法学院法律专业。

获华东政法大学法律硕士学位。曾在香港城市大学法学院做访问学者。2006年后，历任上海市高级人民法院经二庭庭长、民四庭庭长、审判委员会委员、政治部副主任兼干部处（人事处）处长，上海海事法院党组成员、副院长，上海市第一中级人民法院党组成员、副院长，上海市青浦区人民法院党组书记、副院长、代院长。2012年，任上海市青浦区人民法院院长、党组书记。2016年，任上海市第二中级人民法院副院长、审判委员会委员、审判员。

2017年8月，宋学东参加《法眼看天下》特别节目——《法院院长在线》直播访谈

2018年，宋学东在上海市静安法院与相关人员就申诉审查、审判监督工作进行座谈交流

宋钟蓓，1964年生，河南安阳人。中共党员。

1985年，上海科学技术大学化学系有机化学专业毕业后留校，任上海科学技术大学化学系团总支书记、讲师。1989—1994年，任上海科学技术大学团委副书记、书记。

1988年，毕业于上海交通大学社科系。2005年，毕业于中央党校经济学专业（在职研究生）。历任上海市总工会机关团委书记、系统工会副主任、机关工会主席，女职工部副部长、组织部副部长；直属机关党委副书记、纪委书记、系统工会主任，女职工部部长。2012年，任上海工会管理职业学院党委书记兼《劳动报》总编辑，上海市总工会党组成员、秘书长。现任中国福利会党组成员、副秘书长，直属机关党委书记。

1993年，获上海市新长征突击手荣誉称号；2006年、2010年、2011年、2022年，先后获市委组织部、社保局、公务员局嘉奖；2011年，获评全国实施妇女儿童发展纲要先进个人。

2021年5月，宋钟蓓主持国家战略创新型人才培养高峰论坛

2021年10月，宋钟蓓在中国福利会庆祝中国共产党成立100周年文艺汇演上朗诵

宋彬，1968年生，安徽六安人。中共党员。博士。

2015—2017年，任上海大学党委常委、总会计师。

历任上海市虹口区信息化委员会副主任，虹口区财政局副局长，虹口区政府办公室副主任、法制办主任，虹口区乍浦社区（街道）党工委副书记、办事处主任，虹口区四川北路社区（街道）党工委副书记、办事处主任，虹口区财政局局长、党组书记，虹口区委办公室主任。2017年，任上海市财政局副局长、党组成员。2023年，任上海市统计局党组书记、局长。

2018年，宋彬在上海市人大财经委、常委会预算工委召开的"建立政府向人大常委会报告国有资产管理情况制度"座谈会上做报告

2021年9月，宋彬赴静安区调研"上海市政府购买服务管理办法"贯彻落实情况时发言

张文宏，1963年生，河北沧州人。中共党员。博士。教授。

2004—2005年，任上海大学文学院社会学系教授、博士生导师。2005—2006年，任上海大学文学院社会学系副主任、教授、博士生导师。2006—2011年，任上海大学文学院副院长、社会学系教授、博士生导师兼上海大学学科办副主任。2011—2021年，任上海大学社会学院院长、党委副书记。2021—2022年，任上海大学社会学院特聘教授、博士生导师。

2003年，获香港中文大学研究院社会学部博士学位。1986—1988年，任天津社会科学院社会学研究所研究实习员。1988—1994年，任天津社会科学院社会学研究所助理研究员、家庭研究室主任，其间赴美国加利福尼亚大学尔湾分校做访问学者。1994—1998年，任天津社会科学院社会学研究所副研究员、家庭研究室主任，其间赴美国加利福尼亚大学尔湾分校做高级访问学者。1999—2000年，任南开大学法政学院社会学系副教授，硕士生导师，其间赴香港科技大学做访问学者。2003—2004年，任香港科技大学社会科学部博士后研究员。2022年起，兼任南开大学周恩来政府管理学院教授、院长。兼任中国社会学会理事和中国社会学会网络社会学专业委员会副理事长，上海社会学会常务理事、副秘书长，上海社区研究会常务理事。为"组织、网络与制度丛书"编委、《社会》杂志编委、中国博士后科学基金评审专家、国家社科基金项目通讯评审专家、福特基金会社会学项目评审专家、上海高校社会学E-研究院特聘研究员。2012年，入选教育部长江学者特聘教授。2015年，入选国家万人计划哲学社会科学领军人才。2021年，入选教育部首届新文科研究与改革实践项目。

曾两次获教育部高等学校科学研究优秀成果奖三等奖、三次获省级哲学社会科学优秀成果奖一等奖；2008年，获第九届上海市哲学社会科学优秀成果奖著作类一等奖；2010年，获第十届上海市哲学社会科学优秀成果奖论文类一等奖；2012年，获第十一届上海市哲学社会科学优秀成果奖论文类二等奖；2021年，获第八届高等学校科学研究优秀成果奖。

2020年10月，张文宏在上海大学社会学系重建40周年、社会学院成立10周年暨老上大社会学建系98周年庆祝大会上致辞

2022年11月，张文宏（右二）出席南开大学中国式现代化发展研究院揭牌仪式

张文俊，1959年生，江苏无锡人。中共党员。博士。教授。

1985年，入职上海工业大学，1991年晋升为副教授，1995年晋升为教授，后任上海大学影视艺术技术学院副院长、教授、博士生导师。2018年起，任上海建桥学院信息技术学院院长。

1978年，考入复旦大学数学系。1979—1984年，公派留学就读于南斯拉夫贝尔格莱德大学电工学院通信专业，获工程师学位。1985年，再赴南斯拉夫贝尔格来德大学攻读通信专业，1986年获硕士学位，1989年获博士学位。为《电波科学学报》编委、中国计算物理学会计算电磁学专业委员会副主任委员、中国电子学会高级会员。

1993年，获全国优秀教师、上海市优秀青年教师荣誉称号；1994年，获霍英东教育基金全国优秀青年教师荣誉称号；1995年，获宝钢教育基金优秀教师荣誉称号。1998年，获评上海市十佳科技启明星、上海市科技进步奖三等奖；1999年，获英特尔杰出教学奖。

2019年3月，上海大学代表团访问塞尔维亚贝尔格莱德大学（张文俊右四）

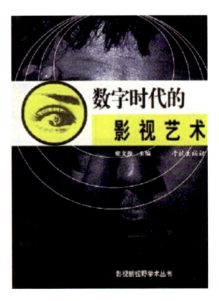

张文俊主编《数字时代的影视艺术》书影

张正勤，1961年生，江苏淮安人。九三学社成员。

1983年、1991年，先后获上海工业大学金相专业、金属材料及热处理专业学士、硕士学位。现任上海大学兼职教授、上海大学校友会监事长、上海大学教育发展基金会监事、上海大学上海市公共艺术协同创新中心理事、上海大学招生委员会委员、上海大学材料学院校友会理事。

为上海东方环发律师事务所主任，执业律师。具有中国注册造价工程师、中国注册资产评估师、英国皇家特许建造师、英国皇家特许测量师等资质，为中国建设工程造价协会专家、上海市工程造价管理专家、中国建设工程造价协会资深会员、中国工程造价纠纷调解中心调解员、中国行为法学会智库（建设工程）首届专家委员、上海市建设工程咨询行业协会法律委员会副主任、九三学社第十四届中央委员会科普工作委员会委员、九三学社上海委员会社科工作委员会委员及广州仲裁委员会等多家仲裁机构仲裁员。2010—2023年，任《中国注册造价工程师继续教育培训教材》《建设工程造价鉴定规范（GB／T 51262—2017）》《建设工程造价咨询合同（示范文本）（GF—2015—0212）》《电力建设工程施工招标投标文件（示范文本）》《电力建设工程施工合同（示范文本）》起草人。出版专著12种，发表论文100余篇。

著作曾获2011年度中国建筑出版社优秀图书奖、2012年第三届中国工程造价优秀成果奖。曾获2018年度九三学社上海市委科普讲坛突出贡献奖等。

2023年3月，张正勤出席"临泮之春"海上沙龙暨上海大学教育发展基金会答谢会

张正勤著《张正勤律师谈建筑房地产法律事务1》书影

张兆扬，1938年生，浙江海宁人。中共党员。教授。

1992—1994年，任上海工业大学通信与电子工程系教授、主任。后任上海大学通信与信息工程学院教授、博士生导师、副院长，上海大学信息工程研究开发中心主任，教育部新型显示技术及应用集成重点实验室副主任。

1962年，毕业于西安交通大学无线电工程系。1995年、1997年，先后赴日本大阪大学和美国加州大学讲学和学术交流。长期从事电子领域内的科学研究，取得多项科研成果。

1984年，获国家经委优秀新产品奖；1989年，获上海市优秀教学成果奖、全国优秀教师奖；1991年，获上海市科技进步奖二等奖；1992年，获全国电子类优秀教材奖一等奖、上海市科技进步奖二等奖、中国电子工业部科技进步奖二等奖、云南省科技进步奖三等奖；1993年，获上海市科技进步奖三等奖；1996年，获第四届中国广播电视科学技术奖；1997年，获上海市科技进步奖三等奖；1998年，获上海市科技进步奖三等奖。

2010年4月，张兆扬（右二）参观上海世博会中国国家馆的预展

张连生,1937年生,浙江舟山人。中共党员。教授。

1960年,入职上海科学技术大学,1987年晋升为教授。1994年,任上海大学理学院常务副院长。1995年,任上海大学运筹学与控制论专业博士生导师。1997—2000年,任上海大学理学院院长。2000年,任上海数学与系统科学研究所常务副所长。

1960年,本科毕业于复旦大学数学系。曾兼任上海应用数学与计算数学研究所常务副所长,上海市工业与应用数学常务副理事长,中国数学规划研究会常务副理事长,中国运筹学学会副理事长,上海运筹学学会理事长、名誉理事长。

1991年,获国家教委科技进步奖三等奖;2010年,获上海市自然科学奖三等奖。

2021年,张连生获"光荣在党50年"纪念章

张坚，1935年生，江苏张家港人。

1991—1995年，任上海大学美术学院党委书记。

1955年，上海俄文专修学校毕业后留校，在苏联专家办公室任翻译。曾任苏联专家工作科副科长，列宁著作翻译研究室主任，上海外语教育出版社社长兼总编，上海外国语学院副院长、党委副书记。1987年，任中国驻苏联大使馆教育参赞，1990年回国。主要译著有《列宁著作在苏联》《列宁论科学、技术和文化》等。主编有《中国俄语教学》《中国俄语教学与研究论文集》等。

1989年，获中共中央编译局著作奖。

2018年，张坚代表上海美术学院老教授协会向优画网董事长汪义成颁发聘书，聘请其为上海美术学院老教授协会高级艺术顾问

张坚书法作品

张佳春，1963年生，四川乐山人。中共党员。博士。教授。高级会计师。

2004—2016年，任上海大学国际工商与管理学院会计系教授、硕士生导师。2005年起，历任上海大学教务处副处长、语委副主任、普通话测试站站长、审计处处长、资产经营公司监事会副监事长，上海大学出版社有限公司监事会监事长，管理学院内部控制研究所所长，上海大学监察处处长、纪委副书记。其间兼任上海高校审计组组长、中国教育审计学会学术委员会副主任等职。

1983年、1987年，毕业于镇江船舶学院，获双学士学位。2001年，毕业于南京理工大学管理学院研究生班。2006年，获南京航空航天大学管理科学与工程专业博士学位。1983—2004年，历任江苏科技大学管理工程系会计教研室主任、人事处副处长、教务处副处长，教授，女教授会副会长等职。2016年起，同时担任上海戏剧学院党委常委、总会计师，上海音乐学院总会计师。

2019年4月，张佳春参加上海音乐学院、上海戏剧学院、上海大学三校女教授联谊活动

2019年9月，张佳春（前排左五）带领上海音乐学院、上海戏剧学院财务处同事参加市教委举办的"阳光财务人 唱响中国梦"合唱比赛并获第一名

张金仓，1957年生，河南洛阳人。九三学社成员。博士。教授。

2000年起，入职上海大学，曾任上海大学物理系副主任、中瑞联合微系统集成研究中心副主任、理学院副院长、物理实验中心主任、纳米科技开发研究中心副主任、上海大学材料基因组工程研究院常务副院长，教授，博士生导师。

1981年，毕业于河南师范大学物理系。2001年，获日本国立富山大学工学博士学位。1982—2000年，曾任河南师范大学教授、应用物理研究所副所长、校学术委员会委员、河南省特聘教授。1992年，应邀赴德国慕尼黑参加第三届世界超导大会，在开幕式上做大会特邀报告并赴科隆大学做短期访问。2000年，赴日本国立富山大学做访问研究。兼任中国青年超导协会副理事长、美国材料学会会员、中国物理学会低温物理专业委员会委员、中国物理学会正电子物理专业委员会委员、中国物理学会同步辐射专业委员会委员。主要从事凝聚态与材料物理领域内的研究工作，包括高温超导、强关联电子系统、庞磁电阻、自旋电子学与器件物理、纳米材料、固体物性与应用等。

曾获国家教委科技进步奖二等奖、上海市自然科学奖二等奖；曾获评河南省优秀专家、河南省省管优秀青年科技专家、河南省普通高等学校学术拔尖人才。

为河南省第八届政协委员，九三学社河南省委员会委员；上海市第九、第十、第十一届政协委员，九三学社上海大学基层委员会副主委。

张金仓（前排中）工作照

张金仓在上课

张宝华，1941年生，上海人。高级工程师。

1965年，毕业于上海工学院电机系603班。

毕业分配到安徽工作，后历任芜湖微型电机厂技术员、动力设备科长兼机修车间主任。1984年，调入中共芜湖市委组织部，任科长。1990年，任芜湖市新芜区委副书记、区长。1991—2003年，历任安徽工程大学副校长、副书记、校长、党委书记。2003年退休后，两次被任命为省委巡视组组长。

1973—1983年，连续十年被评为厂级、局级、市级先进工作者。

为安徽省人大会代表。

1998年，中国科学技术大学40周年校庆，张宝华（中）与钱伟长夫妇合影

张俊智，1983年生，浙江金华人。中共党员。

2008年，获上海大学电子信息材料系材料学专业硕士学位。

2008年，任职于宝山钢铁股份有限公司。2010年，辞去高薪工作到江西莲花县六市乡中心小学支教。支教期间，教授英语、语文、数学、体育、美术等多门课程，不断创新教学方法，还为学生募集捐款、修建操场和图书馆。支教期满后应学生请求主动留校。曾任2017年上海市浦东新区"砥砺奋进——迎接宣传贯彻党的十九大精神群众性主题宣讲团"成员、2018年浦东新区"国际志愿者日宣讲团"成员、浦东新区道德讲堂讲师。现任上海今航实业有限公司社会责任部总经理。

2013年，获评第十届深圳关爱行动"十佳爱心人物"、中国文明网"道德模范"，入选"中国好人榜"候选人；2014年，获评第二十四届全国书博会"十大读书人物"；2015年，获评萍乡市"十佳新人新事"、上海市浦东新区"十佳志愿者"、2014—2015年度上海市优秀志愿者；2016年，获评第十八届上海市浦东新区"十大杰出青年"、浙江金华市"信义金华·最美人物"、第四届感动上海浦东"十大典型人物"。

2014年，以张俊智为原型并参与拍摄的公益微电影《支教者》，荣获Vcare中国公益映像节"十佳公益短片"。

张俊智在上课

张洁，1977年生，江西乐平人。中共党员。博士。

2000年，毕业于中国青年政治学院社会工作与管理系。2003年、2016年，先后获上海大学社会学专业硕士、博士学位。2003—2005年，任上海大学理学院团委副书记（主持工作）、数学系党总支副书记。2005—2008年，任上海大学团委副书记。2008—2015年，历任上海大学学生社区管理部副主任、党总支书记，社区学院党委副书记（兼）、党委书记兼学生社区管理部主任。2015—2016年，任上海大学党委组织部副部长（正处级）。2016—2018年，任上海大学组织人事部副部长、党校常务副校长、党委教师工作部副部长。2018—2021年，历任上海大学党委常委、组织人事部副部长、党校常务副校长、组织处处长、党委巡察工作办公室副主任、机构编制委员会办公室主任。2021年起，任上海商学院党委副书记、纪委书记。

2021年3月，张洁在上海大学人才学院第十四期结业典礼暨第十五期开学典礼上发言

2022年11月，张洁为"清风润校园，喜庆二十大"——上海商学院廉洁文化主题辩论赛获奖学生颁奖

张载养，1950年生，浙江宁波人。中共党员。博士。高级经济师。

1985年，毕业于上海大学文学院历史系。

1994—1998年，历任上海市建设委员会秘书长、副主任。1998年，任上海市卢湾区区长。2005年，任洋山深水港建设指挥部副总指挥、洋山保税港区管理委员会常务副主任。曾任上海市人大常委会常务委员、人大专门委员会主任，上海市决策咨询委员会委员。曾在复旦大学任教。为《海上思南》杂志主编。

2017年，张载养在"绿色建筑的新能源发展之道"论坛上致辞

2019年，张载养出席上海市黄浦区商旅文联动发展专题研讨会

张峰，1970年生，浙江诸暨人。中共党员。博士。研究员。

1992年，毕业于上海科学技术大学电子材料与器件专业。1995年，获上海大学电子材料与器件专业硕士学位。

1997年，获中国科学院上海冶金研究所材料物理专业博士学位。1999年，作为洪堡访问学者到德国海德堡大学物理学研究所工作。1998—2000年，任中国科学院上海冶金研究所助理研究员。1998—1999年，到香港中文大学电子工程系进行合作研究。2000—2006年，任中国科学院上海微系统与信息技术研究所研究员、博士生导师。2001—2016年，历任上海新傲科技股份有限公司经理、常务副总经理、总经理。2016—2018年，任上海硅产业投资有限公司副总裁。2020年，创办浙江晶睿电子科技有限公司，现任公司董事长、总经理。长期从事SOI材料的产业化及应用基础研究，主持或参与了上海市"科教兴市"等一系列重大研发课题和产业化项目。2000年，入选中国科学院百人计划；2007年，入选上海市嘉定区领军人才；2009年，入选上海市领军人才。

2004—2006年，连续三年获评上海市劳动模范。2005年，获上海市科技进步奖一等奖；2006年，获国家科技进步奖一等奖；2010年，获第十一届中国青年科技奖。

2003—2008年，任共青团上海市委常委。现为丽水景宁畲族自治县政协主席。

2022年，张峰在丽水市政协委员"委员话履职"上发言

张培础,1944年生,上海人。中国民主同盟成员。教授。

1965年,本科毕业于上海市美术专科学校中国画系人物科。1994年后,任职于上海大学美术学院,曾任副院长兼中国画系主任。

1978年起,任上海戏剧学院绘画教研室主任,后为上海中国画院兼职画师、上海民盟书画院副院长、"水墨缘"国画工作室主任、上海美术家协会常务理事兼中国画艺术委员会委员、中国美术家协会会员。长期从事中国画、素描、速写的创作和教学。曾主编《上海高等艺术院校学生素描作品集》《上海业余辅导教材素描丛书》《上海第十届海平线绘画雕塑联展作品集》及多种中国画、速写辅导教材。代表作品有中国画《闪光》。

张培础在创作

张培础中国画《闪光》

张寅彭，1950年生，江苏人。教授。

1996年起，入职上海大学，曾任上海大学中文系主任、文学院中国古典文献学学科带头人。2005年，任上海大学中国古代文学专业博士生导师。2010年，任上海大学清民诗文研究中心主任。

1982年，毕业于上海师范大学中文系。1982—1996年，在上海教育学院中文系任教。1988—1990年，任日本国立新潟大学人文学部客座研究员。曾任香港中文大学王宽诚基金讲座教授、台湾中山大学客座教授。曾兼任东方诗话学会、近代文学学会、上海古代文学学会等多个学术团体的理事及上海市古籍保护工作委员会委员。

2003年，编纂的《民国诗话丛编》获第六届国家图书奖提名奖、第六届华东地区优秀图书奖特等奖；2004年，获第七届上海市哲学社会科学优秀成果奖著作类二等奖；2006年，获全国优秀古籍图书奖二等奖；2009年，获上海市教学成果奖二等奖。

2021年，张寅彭编纂的《清诗话全编》由上海古籍出版社出版

陆申，1956年生，江苏无锡人。中共党员。高级经济师。上海交通大学MBA。1981年，毕业于上海科学技术大学无线电电子学系。

曾任共青团上海市委秘书长、上海城市酒店董事长。2003年，加入上海实业集团，历任上实置业集团（上海）有限公司董事、副总经理，上海实业联合集团股份有限公司董事、总经理，上海实业发展股份有限公司总裁、副董事长，上海实业有限公司执行董事，上海实业控股有限公司执行董事。2008—2017年，任上海实业发展股份有限公司董事长。

2016年3月，陆申（中）出席香港专业人士（北京）协会创新工商委员会成立典礼暨"再创光辉"工商创新系列启动礼

陆抑非（1908—1997），字一飞，自号非翁，江苏常熟人。中国农工民主党成员。画家。1959—1965年，曾在上海市美术专科学校任教。

早年就读于苏州桃花坞中学，后因病辍学，从李西山习花鸟画。1931年，任上海美术专科学校助教。1935—1937年，在上海寓所办飞声国画函授学校，因抗日战争全面爆发停办。1937年，在上海举办个人画展，同年拜吴湖帆为师，三次参加"梅景书屋"画展；1956年，任上海中国画院首批画师，后任中国美术学院教授、研究生导师，为中国美院国画系教学体系奠基人之一。1959—1997年，任浙江美术学院中国画系教授。曾任西泠书画院副院长、常熟书画院名誉院长、西泠印社顾问。擅花鸟画，尤以牡丹为长，作品有《花好月圆》《春到农村》《寿桃图》《白掠鸟》《梨花锦带鸟》等。著有《非翁画语录》。1978年夏，创作的《青春处处争飞跃》由中国新闻代表团访日时赠给日本大平首相。程十发评其为"恽南田以后三百年来兼工带写和没骨法开宗立派第一人"。

为中国农工民主党浙江省委顾问，浙江省第四、第五届政协委员。

陆抑非中国画《菖兰图》　　陆抑非中国画《洛阳牡丹》

陈平，1954年生，江苏南京人。中共党员。博士。教授。

曾任上海大学美术学院史论系主任、教授、博士生导师。

1983年，毕业于南京师范大学中文系。1990年，获中国美术学院史论系美术史论专业硕士学位。2001年，获中国美术学院史论系美术史论专业博士学位。曾任中国美术学院出版社副总编辑。兼任四川美术学院客座教授、中国美术家协会美术理论委员会委员。主要从事西方美术史及美术理论、美术史学史、西方建筑史等研究。著有《李格尔与艺术科学》《外国建筑史》《西方美术史学史》及《西方艺术史学史》等；译有李格尔的《罗马晚期的工艺美术》、德沃夏克的《作为精神史的美术史》、维特鲁威的《建筑十书》等；主编有"美术史里程碑丛书"等。

2008年，获上海市第九届哲学社会科学优秀成果奖著作类一等奖。

2021年4月，陈平在"文心讲坛·艺术学理论前沿系列讲座"第三期上做报告

2022年4月，陈平参加《全球转向下的艺术史——从欧洲中心主义到比较主义》新书线上发布会

陈立群，1963年生，上海人。博士。教授。

1997年，进入上海大学上海市应用数学和力学研究所博士后科研流动站做研究工作，后留校任教授、博士生导师。

1997年，获上海交通大学工程一般力学专业博士学位。2002年，在加拿大多伦多大学做合作研究。2003—2004年，在美国加州大学圣地亚哥分校进修。2005—2006年，在香港城市大学做合作研究。兼任中国力学学会一般力学专业委员会委员、中国振动工程学会非线性振动专业委员会常委、中国数学力学物理和高新技术交叉研究学会副理事长和常委理事、美国力学科学院专业成员、香港城市大学混沌控制与同步化中心合作成员。2008年，入选上海市领军人才、教育部长江学者特聘教授；2009年，入选上海市优秀学科带头人。

1996年，获冶金部教学改革成果奖二等奖；2000—2005年，连续6次获上海市科技进步奖二等奖；2000年，获上海市优秀博士学位论文奖、上海普通高校优秀教材一等奖；2001年，获上海市教学成果奖二等奖2项、中国高校科技奖一等奖1项；2004年，获宝钢优秀教师奖；2005年，获全国优秀博士后称号、王宽诚育才奖；2006年，获教育部提名国家科技进步奖二等奖；2007年，获国家杰出青年科学基金资助；2009年，获评全国模范教师；2015年，获宝钢优秀教师奖；2017年，获国家自然科学奖二等奖；2019年，入选国家万人计划教学名师，获评全国模范教师；2020年，获评全国先进工作者。

2020年，陈立群（左三）在上海市2020年全国劳动模范和先进工作者表彰大会上

陈立群与学生们探讨问题

陈伯良，1943年生，上海人。研究员。

1964年，毕业于上海科学技术大学技术物理专业。

1964年，就职于中国科学院上海技术物理研究所，从事红外探测器及材料研究50余年。著有《航天红外成像探测器》。

2005年，获国家科技进步奖二等奖（第一完成人）；2019年，获庆祝中华人民共和国成立70周年纪念章。曾获国防科工委科技奖二等奖、科学技术部先进个人。

2005年，陈伯良获国家科技进步奖二等奖

2019年，陈伯良（右五）与病友演唱

陈启伟，1963年生，江苏高邮人。中共党员。上海交通大学EMBA。

1985年，毕业于上海大学文学院。2019年，任上海大学新闻传播学院特聘教授。

1985年，参加工作，曾任《文汇报》要闻部编辑、副主任、主任、副总编辑，中共上海市委对外宣传办公室副主任、宣传部秘书长。2012年起，历任新民晚报社党委副书记、总编辑，新民晚报社党委书记、总编辑，新民晚报社党委书记、社长。现任上海报业集团党委副书记、总经理、副社长，上海新华传媒股份有限公司董事长，上海市政协教科文卫体委员会（文化）副主任。

为上海市第十四届政协委员。

2010年8月，陈启伟主持历史文化建筑保护新闻发布会

陈启伟（左一）在新华传媒2022年度评先选优表彰会上为获奖员工颁奖

陈超，1970年生，上海人。中共党员。复旦大学工商管理MBA。研究员。

1992年，毕业于上海工业大学机械自动化及机器人系。现为上海大学兼职教授、博士生导师。

2002年，获复旦大学工商管理硕士学位。现任上海图书馆馆长，上海科学技术情报研究所所长，上海市古籍保护中心主任。兼任中国图书馆学会第十届理事会副理事长，中国国家图书馆第一届理事会理事，上海市图书馆行业协会第三、第四届理事会会长，上海市图书馆学会第十届理事会理事长。主持完成多项上海市决策咨询、科技软科学研究课题，2012年起，负责主持上海市首批四大软科学研究基地之一"上海市前沿技术发展研究中心"的建设。2020年起，作为首席专家主持上海市重点智库上海科技情报研究所智库建设。2021年，入选中宣部"四个一批"文化人才。

2016年，获文化部优秀专家荣誉称号。

为中国共产党上海市第十一次代表大会代表，上海市第十五、第十六届人大代表。

2022年2月，陈超在上海图书馆东馆发布上海图书馆新标志

2023年1月，陈超在上海图书馆东馆迎接读者

陈犀禾，1949年生，浙江绍兴人。博士。教授。

2003年，入职上海大学，曾任上海大学影视艺术技术学院教授、副院长，影视艺术系主任，亚洲影视研究中心主任。

1985年，毕业于中国艺术研究院电影系。1988年，获美国俄亥俄州立大学影视艺术学和艺术教育学专业艺术学博士学位。曾任中国电影艺术研究中心理论美学研究室副主任。兼任中国电影家协会会员、中国电影评论学会会员、国际亚洲电影研究学会（ACSS）副主席、中国电影家协会高校电影联盟副主任、中国电影评论学会理事。

曾获第九、第十、第十六届中国金鸡百花电影节优秀学术论文奖，中国文联2005年度文艺评论理论奖，上海市教学成果奖一等奖。

2015年10月，陈犀禾在"中国电影新力量"论坛上发言

2021年5月，陈犀禾在上海师范大学做讲座

陈殿林，1969年生，安徽全椒人。中共党员。博士。教授。

2010年，获上海大学社会科学学院法学博士学位。

先后于安徽师范大学、合肥工业大学获历史学学士学位、法学硕士学位。现为合肥工业大学马克思主义学院教授、学术委员会主任。为国家社科基金项目通讯评审专家，教育部人文社科项目评审专家和安徽省哲学社会科学项目评审专家，《合肥工大报（社科版）》编委，中国历史唯物主义学会理事，中共安徽省党史学会副会长，安徽省马克思主义学会副秘书长。

2013年，获教育部高校德育创新成果奖；2014年，获国家教学成果奖二等奖；2022年，获安徽省哲学社会科学优秀成果奖、安徽省2019—2020年度社会科学奖（政府奖）。曾获安徽省教学成果奖一等奖3次，特等奖、二等奖、三等奖各1次；安徽省第二、第六、第十七届社科年会论文一等奖等。

2019年5月，陈殿林在安徽医科大学"医学与人文大讲堂"上做报告

2020年10月，陈殿林参加安徽省社会科学界联合会第八次代表大会

邵文，1964年生，上海人。澳大利亚蒙纳士大学MBA。

1985年，毕业于上海工业大学冶金系环境化学专业。

历任上海医药（集团）有限公司原料药事业部总裁助理、副总裁，江西富祥药业股份有限公司、浙江华立集团华方医药科技有限公司、西班牙Gadea医药有限公司高级顾问。2018年，任景峰医药集团副总裁。

2018年11月，邵文（左三）出席湖南景峰医药股份有限公司召开的景峰医药国际化特色仿制药战略发布会

邵炳军,1957年生,甘肃通渭人。博士。教授。

2002年,入职上海大学。2003—2005年,任上海大学研究生部副主任、中国古代文学与文化研究中心主任。2006年起,任博士生导师。

2000年,获西北师范大学文学博士学位。2000—2002年,在南京师范大学做博士后研究。兼任中国诗经学会副会长、国家社科基金项目通讯评审专家、项目成果通讯鉴定专家、中国博士后基金项目评审专家。

2014年,获上海市哲学社会科学优秀成果奖著作类一等奖;2015年,获高等学校科学研究优秀成果著作奖二等奖、中国大学出版社图书奖优秀学术著作一等奖。

2015年9月,邵炳军获第四届中国大学出版社图书奖优秀学术著作一等奖

2018年9月,邵炳军参加上海市第34个教师节活动

范明林,1959年生,浙江人。博士。教授。

1986年,上海大学社会学系毕业后留校任教至退休。2003年、2009年,先后获香港理工大学应用社会科学系硕士、博士学位。曾兼任上海大学文学院公共政策和社会管理研究中心副主任,上海市阳光社区青少年事务中心专家、理事、督导委员会委员。为教育部全国社会工作专业学位研究生教育指导委员会委员、中国社会工作学会理事、上海社会工作协会常务理事。

2005年,获高等教育上海市级教学成果奖二等奖;2010年,获宝钢优秀教师特等奖。

2018年,范明林在广西科技大学做"历奇活动和'4F'分享带领模式"专题讲座

范明林在课堂上

林玉凤，1937年生，山东文登人。中共党员。

1964年，上海科学技术大学无线电电子学系雷达专业毕业后留校，曾任学生指导员。1974—1978年，任上海科学技术大学革委会办公室主任。1977—1989年，任上海科学技术大学党委副书记。1978—1981年，兼任上海科学技术大学第六、第七届团委书记。1988年，兼任上海科学技术大学副校长。1983—1990年，兼任上海科学技术大学第六、第七届工会主席。

1989年，任上海市妇女联合会副主席和市妇联机关党委书记。

1994年，获上海市政府集体和个人三等奖。

为上海市第七届人大代表。

1988年，林玉凤（左一）参加学生思想政治工作研讨会

林玉凤（右一）在给学生上德育课

林采霖，1964年生，台湾人。博士。教授。

2005—2016年，任上海大学教授、硕士生导师，创设文化经济系并任系主任。

2005年，获清华大学美术学院设计艺术专业博士学位。1991年起，任台湾形象策略联盟执行长。2001年起，任设计印象杂志专栏主编。2006年起，任亚洲大学创意设计学院兼专技教授。2010年起，兼任中国文化大学专技教授。曾任中华美术设计协会第23届理事长，中华形象研究发展协会第七、第八届理事长。为中华形象研究发展协会、中华企业形象协会、台湾包装设计协会、台湾动漫创作协会等社团顾问及《设计印象》杂志专栏主编，中国包协设计委员会特邀委员，辽宁大学文化传播学院、四川大学艺术学院、黑龙江大学美术学院、哈尔滨学院等校的兼职教授及客座教授。

2011年，获中国包装设计联合会颁发的中国设计事业突出贡献奖；曾获北京光华设计发展基金会颁发的2009年度中国设计贡献奖银质奖章、江丙坤两岸交流贡献奖。

2009年，林采霖（右一）出席2009第四届中国（大连）设计节开幕式暨中国设计论坛

2016年，林采霖在清华大学深圳国际研究生院做报告

林炯如，1933年生，福建福州人。中共党员。教授。

1986—1994年，任上海大学副校长。

1957年，毕业于华东师范大学历史学。1962年，毕业于中国人民大学历史学研究生班。历任华东师范大学历史系副主任、教务处处长。长期从事中国现代史教学与研究，讲授过中国现代政治思想史、中国革命史等课程。

1988年，林炯如在美国纽约市立大学发表演讲

1993年1月，上海大学领导班子合影（林炯如右一）

罗立刚，1969年生，湖北安陆人。中共党员。博士。教授。

2000—2007年，历任上海大学文学院副教授、教授，中文系副主任，校党委组织部副部长。

1998年，获复旦大学文学博士学位。为厦门大学博士后。曾任职于上海社会科学院文学研究所，2007年起，历任中共上海市委组织部宣教科技干部处副处长、地区干部处副处长，市教卫工作党委组织干部处处长、党办主任。现任上海政法学院党委常委、副院长。从事唐宋诗文与文学史学研究。

2000年，获上海市第五届哲学社会科学优秀成果奖著作类三等奖、中国社会科学院胡绳青年学术奖提名奖；2019年，获厦门市第十一届哲学社会科学优秀成果奖；2021年，获第五届中国出版政府奖图书类提名奖。

2022年11月，罗立刚出席上海政法学院与澜沧江—湄公河综合执法安全合作中心合作协议签约仪式

罗立刚著《宋元之际的哲学与文学》书影

罗建，1962年生，四川成都人。博士。教授。

2015年起，任上海大学机自学院电气工程系教授、博士生导师、新能源电驱动中心负责人。

本科、研究生分别毕业于清华大学、航天工业部第一研究院；博士毕业于美国威斯康辛大学。1987—1992年，在航天部一院十三所工作。1998—2004年，在美国Eaton公司工作。2004—2006年，在美国Servo Magnetics公司工作。2009年回国后，任中国科学院深圳先进技术研究院研究员、博士生导师，后入职上海中科深汇电动车辆有限公司。长期从事特种电机与电器研究，在新能源车用电机和智能机器人伺服电机、控制方法以及NVH特性研究等方面取得系列成果。入选中国科学院百人计划专家。

2012年，获中国电工技术学会科学技术奖一等奖。

2017年，罗建讲解新能源轮毂电机与分布式驱动

2022年12月，罗建主持第三届汽车电驱动及关键技术大会

竺伟，1973年生，浙江奉化人。博士。教授级高级工程师。

1998年，获上海大学电力传动及其自动化专业博士学位。现兼任上海大学机电工程与自动化学院教授、博士生导师。

1995—1996年，任日本三垦电气株式会社上海办事处技术主管。1997—2005年，历任美国罗宾康公司中国地区技术主管、安塞罗宾康（上海）电气有限公司运营总监。2005—2010年，任上海艾帕电力电子有限公司总经理。2010—2016年，任上海广电电气（集团）股份有限公司副总裁。后任能科科技股份有限公司副总裁，上海能传电气有限公司总经理。兼任中国电器工业协会变频器分会副秘书长，中国自动化学会电气自动化专业委员会委员，中国电工技术学会电控系统与装置专业委员会委员，上海交通大学硕士研究生校外导师，上海电机学院兼职教授。2023年，入选国家万人计划、科技创业领军人才。

2014年，获上海市科技进步奖三等奖；2015年，获中国机械工业科学技术奖特等奖；2019年，获上海市科技进步奖二等奖；获第二十六届上海市优秀发明奖金奖。

2020年1月，竺伟参加能科科技股份有限公司年度管理层工作会议

金丹元，1949年生，江苏苏州人。教授。

1998年，任上海大学上海电影学院影视艺术系副主任、教授。2006年，任博士生导师。历任上海大学影视艺术技术学院教授、影视艺术系副主任，上海大学电视文化研究中心主任。

1978年，本科毕业于昆明师范大学中文系。1989年，硕士毕业于中国文化书院中西比较文化专业。1982—1985年，在云南省社会科学院任编辑。1985—1998年，历任云南民族学院中文系讲师及文艺理论教研室主任、教授，云南大学中文系教授、学科带头人。兼任云南省青年社会科学工作者协会理事、美学学会副会长。为中国作家协会会员、中国美学学会会员。

1989年，获国家民族委员会优秀成果奖三等奖；1990年，获全国首届比较文学优秀图书奖二等奖、西北西南九省第一届优秀教育图书奖二等奖；1991年，获云南省教委优秀科研成果奖二等奖、云南省出版局优秀图书奖二等奖；1993年，获在科研工作中做出突出贡献者奖三等奖；1994年，获云南省哲学社会科学优秀成果奖二等奖；1995年，获云南省教委第四届科研成果奖一等奖；1997年，获云南省教委优秀教学成果奖一等奖、国家教委教学成果奖二等奖；1999年，获上海电视台和上海城隍珠宝优胜奖、宝钢优秀教师奖；2004年，获中国高等院校影视学会第三届"学会奖"优秀学术著作二等奖；2005年，获第二届中国高等院校影视研究学术奖一等奖；2010年，获中国高等院校影视学会第六届"学会奖"优秀论文二等奖；2013年，获第22届中国金鸡百花电影节优秀学术论文奖。

2018年4月，金丹元做客"新文化沙龙"

金春,1968年生,加拿大国籍。中欧国际工商学院MBA。

1991年,毕业于上海科学技术大学物理系半导体物理与器件专业。

曾任常州电子仪器厂助理工程师、常州纺织工业技术学校助教、常州市武进快克电子设备厂销售经理、常州市快克电子设备有限公司副总经理、常州速骏电子有限公司董事长。现任快克股份董事长、常州市富韵投资咨询有限公司执行董事和总经理、Golden Pro. Enterprise Co. Limited董事、常州市长江科技小额贷款股份有限公司监事、常州快克创业投资有限公司执行董事和总经理、零壹电子(珠海)有限公司执行董事、零壹半导体技术(常州)有限公司执行董事。

2021年3月,金春在德国慕尼黑国际电子生产设备展览会上接受采访

金冠军（1948—2011），浙江海盐人。中共党员。教授。

1983年，复旦大学分校中文系毕业后任职于上海大学文学院中文系。1984—1994年，历任上海大学文学院中文系副主任、文学院院长助理（副处级）、文学院副院长（正处级）。1995—2011年，历任上海大学影视艺术技术学院教授、常务副院长、院长，中外传媒政策研究中心主任。

2002年，获国家普通高校优秀教材奖二等奖；曾获上海市教学成果奖一等奖、二等奖各1项，获宝钢优秀教师奖，获上海市教育系统优秀共产党员、上海市优秀教育工作者荣誉称号。

1996年，金冠军在上海大学影视艺术技术学院院庆一周年会上讲话

学生媒体《传媒新观察》上发表的纪念金冠军的文章

郄国伟，1981年生，河北平山人。导演。

2009年，获上海大学数码艺术学院艺术学专业硕士学位。

2014年，执导的人文历史纪录片《闯关东》在中央电视台纪录频道播出。2016年，执导古装玄幻喜剧电影《超级王爷》。2017年，执导古装玄幻电影《捉仙记》。2018年，任电影《无名狂》执行导演（监制冯小刚）。2019年，任大型电视剧《了不起的儿科医生》B组导演。2020年，任大型网剧《三体》B组执行导演。2022年，执导古装玄幻电影《渡龙人》。为纪录电影《马青霞》编剧、执行导演，纪实电影《绑架惊魂》《苏醒的植物人》《生死暗访》编剧兼导演，《边境劫持》编剧、导演兼主演。

微电影《陪伴》获第二届粤港澳台微电影周最佳导演奖，South Cinematographic Academy Film & Arts "首部短片作品最佳导演奖"。

郄国伟工作照　　　　郄国伟导演微电影《倔老头儿》海报

周明海，1970年生，浙江宁波人。博士。

1991年，上海科学技术大学计算机学院毕业后留校任教。

1998年，获复旦大学管理学院博士学位。1998年，入职上海贝尔有限公司，次年任上海贝尔有限公司董事会投资与战略委员会主任。2000年起，历任中国普天信息产业集团公司总裁助理、宁波电子信息产业集团董事长。2001年，任中国移动通信产业开创性企业集团东方通信股份有限公司总裁。2002年，任北京首信集团公司董事长、总裁。2004年，作为联合创始人创立银泰商业集团，2007年在香港上市，后被阿里集团并购。2011年底，创立海德资本集团。

2019年8月，周明海在亨七科技乔迁仪式上讲话

周星，1963年生，湖北武汉人。博士。

2010年，获上海大学材料学专业工学博士学位。

1990年，获北京科技大学工学硕士学位，读研期间，参与国家863项目金属间化合物的课题研究，硕士论文的部分成果Oxidation of Intermetallic Alloys in Ti-Al-Nb Ternary System发表于国际期刊 *Science* 上，该研究首创的高铌钛铝合金被认为是最先进的航空材料之一，目前已应用在航空发动机中。1984—1987年，在北京七〇六工厂工作，任理化中心工程师。1990—1995年，在广州有色金属研究院粉末冶金室工作，任工程师。1995—1999年，在广东粤海进出口公司及粤海发展公司工作，历任投资部副经理、经理，从事项目评估、项目投资、项目管理以及证券投资和期货交易等工作。1999—2003年，创立广州泰康科技有限公司，任经理。2004年，创立广州迪克医疗器械有限公司，现任董事长兼总经理。2013年，任广州发明家协会副理事长。曾获授权专利470余项、获科技奖6项。

2010年6月，周星（左三）看望恩师陈国良院士

2022年，CCTV老故事"在路上"专访周星

周鸿雁，1966年生，甘肃兰州人。中共党员。博士。

2010年，获上海大学影视艺术技术学院传播学专业博士学位。

1988年，毕业于兰州大学新闻系。曾任职于济南日报社。曾任中共山东省济南市委宣传部副部长、市精神文明办公室主任。现任济南市人大常委会委员、市人大教科文卫委员会副主任委员。

周鸿雁著《隐藏的维度——詹姆斯·W·凯瑞仪式传播思想研究》书影

庞邢健，1974年生，江苏铜山人。

2000年，获上海大学机电工程与自动化学院机械制造及其自动化专业硕士学位。

2002年，入职施耐德电气（中国）有限公司，历任产品经理、战略市场部市场流程经理、工业元器件市场部经理、OEM客户部经理及OEM区域高级经理。2012年起，任施耐德电气（中国）有限公司工业事业部OEM销售副总裁，负责施耐德电气工业控制与自动化产品及解决方案在中国机械制造行业的销售工作。现任施耐德电气（中国）有限公司高级副总裁、工业自动化业务中国区负责人。

2021年11月，庞邢健参加第四届中国国际进口博览会

2022年8月，庞邢健参加由埃克森美孚主办的"2022美孚创赢峰会"

郑昌陆，1974年生，江西上饶人。博士。正高级工程师。

2013年，获上海大学控制理论与控制工程专业博士学位。

1996—1999年，在淮南工业学院任教。2002—2004年，在安徽理工大学任教。2006年，创办上海申传电气股份有限公司，任董事长兼总经理。兼任全国煤矿专用设备标准委员会煤矿电机车分会副主任委员、中国煤炭工业安全科学技术学会机电安全专业委员会矿用电机车分会副主任委员、中国仪器仪表学会嵌入式仪表及系统技术分会理事。主要从事煤矿辅助运输系统相关技术的研究及其产业化工作。

2009年，获上海市科技进步奖二等奖；2013年，获高等教育上海市级教学成果奖、上海市科技进步奖三等奖。

2021年1月，郑昌陆（左）代表申传电器与上海山源科技签署战略合作协议

郑衍衡，1936年生，浙江镇海人。中共党员。教授。

1985年，到上海工业大学任教，历任上海工业大学计算机系主任、上海大学计算机学院常务副院长。

1953年，考入上海交通大学电机系；1956年，转入清华大学计算机专业，1957年毕业后留校工作，历任清华大学计算机系实验室主任、教研室主任。1978—1981年，到美国普渡大学进修访问。1991年，赴英国威斯敏斯特大学、华威大学访问。曾兼任上海市信息化专家委员会专家、中国计算机学会多媒体专业委员会副主任、上海市计算机学会常务理事、上海市计算机开放系统协会常务理事、上海市计算机应用能力考核办公室专家组成员。主要从事计算机应用、多媒体和操作系统等方面的教学和研究。

1989年，获上海市优秀教育工作者荣誉称号；1996年，获上海市科技进步奖三等奖。

1960年，郑衍衡（前排右一）与清华大学计算机教研室同事合影

1979年，第一批赴美访问学者合影（郑衍衡后排左二）

郑健麟，1961年生，浙江鄞县人。中共党员。

1982年，毕业于上海大学文学院政治系法律专业。后获硕士学位。

曾任上海市闸北区人民法院副院长，彭浦镇党委副书记，天目西路街道党工委副书记、办事处主任，上海不夜城联合发展集团有限公司党委书记、董事长，闸北区副区长、区委副书记，静安区委副书记、政法委书记。2011年起，历任静安区政协主席、党组书记，中共上海市委组织部副部长。2018年起，任中共上海市委组织部常务副部长、市人大常委会代表资格审查（人事任免工作）委员会主任委员（主任）。

为中国共产党第十一届上海市委员会委员，上海市第十五届人大代表。

2022年1月，郑健麟出席上海市第十五届人民代表大会第六次会议

单少军，1966年生，江苏启东人。中共党员。

1990年，毕业于上海科学技术大学物理系。后获中央党校硕士学位。

曾任上海市卢湾区五里桥街道党工委副书记、办事处主任，瑞金二路社区（街道）党工委书记，卢湾区卫生党工委书记，卢湾区民政局局长、党组书记，卢湾区老龄办公室主任，卢湾区政府党组成员、办公室主任、外事办公室主任，黄浦区政府办公室联合筹备组副组长，中共上海市普陀区委常委、宣传部部长，嘉定区委常委、纪委书记，中共上海市浦东新区委常委、纪委书记等职。2018年，任上海市浦东新区监察委员会主任。现任中共上海市浦东新区委副书记（正局长级）。

为中国共产党上海市第十一届纪律检查委员会委员，上海市第十六届人大代表。

2021年7月，单少军在上海市浦东新区街镇综合行政执法工作会议上讲话

郎明宽，1943年生，安徽巢湖人。中共党员。

1964—1969年，就读于上海科学技术大学无线电系无线电技术专业。

1969年后，先后到新疆八八四七部队农场锻炼和新疆国营八〇〇〇厂、电子工业部第五十研究所工作，主要从事无线电军用和民用电台、无线数据通信和无线遥测遥控系统的研制工作。主持研制的无线数传机和200系列无线电力负荷控制系统广泛用于部队和电力等国民经济部门。

曾获上海市科技进步奖一等奖、电子部二等奖和国家科技进步奖二等奖等十多项奖项。1998年，获评上海市科技功臣。

 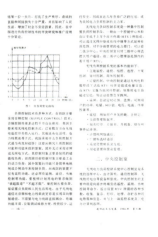 

郎明宽在《通信技术与发展》1994年第6期上发表的文章（部分）

2021年，郎明宽获"光荣在党50年"纪念章

房明毅（1920—2021），江苏兴化人。中共党员。

1973—1994年，历任上海科学技术大学副处长、处长、副校长、顾问等职。

1941年，参加新四军一师一旅战地服务团。1942—1943年，在中国人民抗日军政大学第九分校学习。1943—1949年，任部队供给部的工厂技术员、经理、厂长等职。1949年上海解放时参加接管，曾任上海针织厂军事代表、国棉十八厂副厂长。1956—1957年，在纺织工业部干部管理学校学习现代企业管理知识，学习结束回上海任公私合营华丰纺织厂公方第一副厂长。

房明毅（前排中）在部队时与战友合影

孟光（1921—1996），别名孟尔顿，江苏常州人。画家。

1940年，毕业于上海美术专科学校。1959年后，曾任上海市美术专科学校、上海市美术学校、上海大学美术学院教授。80年代初，任上海美术学校副校长。

1940年，参加新四军，任战地服务团美术组长，办报纸，出画刊，刻木刻，写剧本，组织话剧团、合唱队，演出进步话剧、活报剧和小歌剧，后任连指导员，在对敌战斗中负过伤。1949年后，任常州市美协首任主席和常州市文联副秘书长。1952年后，曾任上海师范学院艺术系副主任、上海交通大学美术研究室主任、中国美术家协会会员。20世纪50年代，在上海创办"孟光画室"。以教授素描学科而著称，擅长油画。代表作有《鲁迅与李大钊》《归航》《荷》《锻工》《素描》等；出版有《孟光画选》。曾培养学生陈逸飞、魏景山、邱瑞敏等。

20世纪50年代中期，孟光在创作油画《锻工》

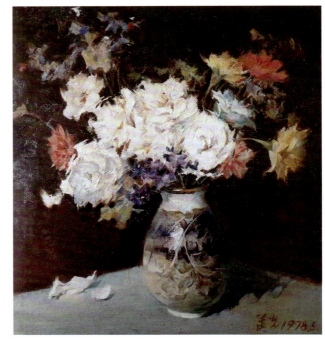

孟光油画《瓶花》

赵小林，1953 年生。教授。

1976 年，毕业于上海科学技术大学物理系半导体器械专业。

1976 年，入职上海交通大学。曾任上海交通大学微电子学院副院长，长期从事微机电系统及细加工技术的研究，先后参与国家计委"九五"攻关、国家 863 计划和解放军总装备部预研等科研任务。

1992 年，获上海市科技进步奖二等奖；1995 年，获国家教委发明二等奖；1999 年，获国家教育部科技进步奖一等奖；1999 年，获国家发明专利一项；2000 年，获国家科技发明二等奖；2017 年，获上海市技术发明一等奖。

赵小林等在《微细加工技术》1995 年第 3 期上发表的文章（部分）

赵春华，1963年生，山东青岛人。九三学社成员。博士。教授。欧洲科学、艺术与人文学院院士。

2020年起，任上海大学生命科学学院院长、教授、博士生导师。

1985年，毕业于第二军医大学。1991年、1993年，分别在中国人民解放军军事医学科学院获硕士、博士学位。1995年，赴美国明尼苏达大学做博士后研究。1985—1988年，任中国人民解放军四零一医院临床医师。1993—1995年，任军事医学科学院基础医学研究所中化基因工程系主任。1998—2000年，任美国明尼苏达大学医学院血液肿瘤骨髓移植系助理教授。2000—2003年，历任实验血液学国家重点实验室常务副主任、国家干细胞工程技术研究中心副主任、中美国际合作实验室主任、国家"十五"863计划组织器官工程重大专项总体专家组成员等职务。2003—2015年，历任中国医学科学院组织工程研究中心主任、中国医学科学院基础医学研究所细胞生物学系主任、干细胞新药研发及临床转化研究北京市重点实验室主任。兼任 Stem cells and development 亚太区主编、中国解剖学会副理事长、第四届国际衰老和疾病协会主席。2001年，入选长江学者特聘教授、获国家自然科学基金杰出青年基金项目。2006年，入选新世纪百千万人才工程计划。2018年，当选欧洲科学、艺术与人文学院院士。

2004年，获评国家973计划先进个人；获2007—2008年度卫生部有突出贡献中青年专家称号；2016年，获第七届全国优秀科技工作者荣誉称号。

为九三学社第十二次全国代表大会代表；九三学社第十四、第十五届中央委员会委员。

2019年6月，赵春华参加北京协和医院眼科人工智能与医工结合高峰论坛

赵春华工作照

2020年9月，赵春华参加"疫"然前行——2020生命系统工程启动仪式

赵彦春，1962年生，江苏徐州人。博士。教授。

2017年起，任上海大学教授、博士生导师，上海大学翻译研究出版中心主任，中国国学双语研究会执行会长。

1985年，毕业于广州外国语学院英美语言文学专业。2000年，获广东外语外贸大学语言学与应用语言学博士学位。2001—2002年，在英国诺丁汉大学做访问学者。2009年，在墨尔本大学做访问学者。曾任《现代外语》副主编、四川外语学院外国语言研究所所长、北京语言大学教授、中华典籍翻译研究中心主任、天津外国语大学教授、外国语言文学文化研究中心主任。为国际学术期刊 Translating China 主编、国际汉学与教育研究会会长、中国语言教育研究会副会长、《东西方研究学刊》编委会委员。2014年，出版的《英韵三字经》被新华社和《人民日报》《光明日报》《中国日报》《二十一世纪英文报》以及今日头条、网易等各大知名媒体广泛报道。

2010年4月，赵彦春在全国首届语言教育研讨会暨中国语言教育研究会成立大会上发言

2023年3月，赵彦春在给师生辅导国学与翻译技巧后合影

荆典谟（1916—1989），河北博野人。中共党员。

1962年，任上海科学技术大学党委副书记。1963年，任上海科学技术大学党委监委书记。1964年，任上海科学技术大学民兵师师长。1965年，任上海科学技术大学党委副书记兼副校长。1966年，兼任上海市电子物理研究所所长。1979年，任上海科学技术大学分校副校长。

1938年，在陕北公学学习。毕业后，曾当过学徒、勤杂工、东北军一三师新篮球队队员。抗日战争和解放战争期间，曾任中共地委副书记、县委书记等职。1952—1954年，任安徽医学院党委副书记、副院长。1954年，任安徽省民主青年联合会副主席。1954—1958年，任合肥矿业学院副院长。1958年，任中国科学院安徽分院副书记、安徽物理研究所所长。1961—1962年，任合肥工业大学党委副书记、副校长。

荆典谟（左一）与工人班学生交谈

荆典谟（右二）等校领导与师生交谈

胡元太，1964年生，湖北松滋人。博士。教授。

1992年，获上海工业大学上海市应用数学和力学研究所固体力学专业博士学位。1993—1995年，在上海市应用数学和力学研究所做博士后研究。

1995—1997年，在华中理工大学做博士后研究。1997—2000年，任华中理工大学力学系副教授。2000—2001年，在内布拉斯加大学做访问学者。2001—2003年，任华中科技大学力学系教授、博士生导师。2004—2005年，在加利福尼亚大学做访问教授。2005—2020年，任华中科技大学土木工程与力学学院教授。2020年起，任华中科技大学航空航天学院教授。兼任中国力学学会理事、湖北省力学学会理事长、*Acta Mechanica Solida Sinica* 副主编。

2008年、2010年，获湖北省优秀博士学位论文指导奖；2009年，获国家优秀博士论文提名奖指导奖；2006年、2008年，获湖北省自然科学奖三等奖。2012年，获国家技术发明奖二等奖。

2018年5月，胡元太在首届江苏湖北两省固体力学学术会议上讲话

2018年12月，胡元太在三峡大学做讲座

胡吉春，1979年生，浙江人。

2004年，获上海大学机电工程与自动化学院控制理论与控制工程专业硕士学位。

2012—2018年，任南京伊晶能源有限公司副总经理。2015年起，任南京伊晶能源有限公司执行董事。2016—2020年，任南京高精传动设备制造集团有限公司董事，其间任董事长兼总经理、总裁。兼任本集团其他若干附属公司董事。现任中国高速传动董事会主席、执行董事、行政总裁。为中国机械通用零部件工业协会常务理事和中国机械通用零部件工业协会齿轮专业协会与电驱动分会副会长。

2022年9月，胡吉春在南高齿（淮安）高速齿轮制造项目一期竣工投产暨二期项目签约仪式上致辞

2022年9月，胡吉春在酒泉经济技术开发区考察

胡自强，1957年生，上海人。博士。

1985年，获上海工业大学机械专业硕士学位后留校任教。

1992年，获美国普渡大学机械工程系声全息专业博士学位。1994年，入职美国通用电气（GE）中央研究院。1998年，入职GE家电事业部。2006年，任苏州三星电子副总经理兼中国家电研究所所长。2012年，任美的洗衣机事业部副总经理，主管产品研发。现任美的集团副总裁兼CTO、美的集团中央研究院院长、万东医疗董事长。

在美国GE期间，获美国航空航天局颁发的AST项目奖，两次获GE中央研究院惠特尼科技奖；2011年，获普渡大学颁发的杰出机械工程师奖；2018年，获由中国家用电器协会颁发的中国家电行业精英奖；2019年，获普渡大学杰出工程学校友奖。

2019年10月，胡自强在中国家用电器技术大会上做报告

2020年11月，胡自强在土士学习联盟第八期班授课

胡江，1962年生，上海人。中共党员。博士。研究馆员。

1984年，毕业于上海大学文学院。

1988—1997年，在日本埼玉大学做研修生，先后获日本国学院大学历史学硕士、博士学位。1984—1988年，任上海博物馆教育部馆员。1997—2012年，历任上海博物馆文化交流部副研究馆员，上海博物馆信息中心副主任、主任、研究馆员。2012—2017年，任上海博物馆副馆长。2017—2022年，任上海市历史博物馆、上海革命历史博物馆馆长。曾兼任国际博物馆协会新技术与视听专业委员会中国执行委员，中国博物馆协会建筑空间与新技术专业委员会副主任委员、图文金石拓片专业委员会副主任委员，上海市新学科学会副主任、秘书长，上海市侨联新知联副会长。为上海科学技术大学创意与艺术学院副院长、特聘教授。

2005年，获上海市科技进步奖二等奖；2004年，获评上海市优秀留学回国人才；2005年，获评上海世博工作优秀个人；2018年，获评上海市统一战线（工作）先进个人。

2021年10月，胡江参加上海市历史博物馆与上海市收藏协会共建协议签字仪式

2021年12月，胡江在上海市历史博物馆第一届理事会第一次会议上讲话

胡金豪（1949—2022），浙江绍兴人。中共党员。

1975年，上海科学技术大学无机材料专业毕业后留校工作。1975—1983年，在上海科学技术大学任助教、辅导员。

1969—1972年，在黑龙江生产建设兵团基层连队任排长、事务长。1983—1995年，在中国科学院上海分院人事教育处任副处长、处长、工程师，其间曾获记功奖励。1995—2004年，任中国科学院上海有机化学研究所党委副书记、副所长。2004年，任上海天文台党委副书记、副台长。2005年，任上海天文台党委书记。

2009年6月，胡金豪在中国科学院上海天文台等机构召开的新闻发布会上发言

郦鸣阳，1947年生，浙江诸暨人。中共党员。教授。

1974年，上海机械学院毕业后留校任教。1982年，获上海工业大学工学硕士学位。历任上海工业大学流控实验室主任、流控教研室（研究室）副主任、机械系党总支书记。1994年，任上海大学教授、硕士生导师，机械自动化学院副院长、党委书记。

1995年，任上海市教育委员会师资处处长。1999年，任上海医疗器械高等专科学校校长。2004年，任上海理工大学副校长兼医疗器械与食品学院院长。2009年，任上海立达职业技术学院院长。

1985年，获上海市高校实验室先进个人称号；1986年，获全国高等学校实验室系统先进工作者及上海市先进教育工作者称号。曾获上海市科技进步奖三等奖2项、教育部科技进步奖二等奖1项。

曾为上海市杨浦区人大代表。

2015年6月，郦鸣阳在上海立达职业技术学院毕业典礼上致辞

钟力炜，1972年生，上海人。九三学社成员。博士。主任医师。教授。

2018年，获上海大学理学院运筹学与控制论专业博士学位。

曾任上海市第一人民医院副院长、国家卫生部医疗质量万里行专家组组长、国家医院等级评审专员。现任上海市中医医院院长、上海交通大学博士研究生导师。兼任中国日间手术联盟副主席，中国医院协会标准化管理分会常委，中国运筹学会常务理事、医疗运作管理分会副理事长，上海市医院协会理事、日间手术专委会副主任委员，上海运筹学会副理事长，上海市松江区医学会副会长。

2019年，获上海市人社局立功奖章。曾获中国运筹学会运筹应用奖、中华医学科技奖卫生管理奖、中国医疗创新奖二等奖。

为上海市第十四届政协委员。

2022年1月，钟力炜接受"长三角之声"专访

钟顺时，1939年生，浙江瑞安人。教授。

1988年，到上海科学技术大学通信与信息工程学院任教，负责指导我国授予的首批外籍博士，历任副教授、教授、通信工程系微波教研室主任。1993年，任博士生导师。

1960年，军事电信工程学院雷达工程系毕业后留校任教。1980—1982年，在美国华盛顿大学和伊利诺伊大学厄巴纳－香槟分校任访问学者、研究顾问。1986年，任西安电子科技大学副教授。兼任国际电机电子工程师学会南京（华东）联合分会副主席、国际电气电子工程师学会高级会员、美国纽约科学院院士、全国高校电磁场研究会常务理事、全国面天线专业委员会副主任委员、中国电子学会会士。

1979年，获国防工办科技奖三等奖、第四机械工业部科技奖三等奖；1985年，获国家科技进步奖三等奖；1986年，获电子工业部科技进步奖一等奖；1991年，获上海市科技进步奖三等奖、全国电子类优秀教材奖二等奖；1993年，获陕西省科技进步奖三等奖；1995年，获上海市高校优秀教材奖二等奖、全国电子类优秀教材奖二等奖；1997年，获上海市高校优秀教材奖二等奖；1998年，获宝钢优秀教师奖。

2012年1月，钟顺时在指导博士生做实验

钟顺时等著《电磁场理论基础》书影

侯东升（1914—1982），曾用名木森，山东费县人。中共党员。

1972年，任上海机械学院党的核心小组副组长，后任党委书记、党委顾问。

1938年，加入中国共产党，在费县做地下情报工作。1939年，任八路军津浦路东支队三团政治处民运干事，后调中共山东分局党校学习。结业后，历任八路军一一五师民运部邹滕泗费工作团分队长，中共邹滕边工委副书记、群委书记，中共费县县委副书记、书记。1949年后，历任中共尼山地委组织部部长，中共沂水地委副书记、沂水专署专员。1953年沂水专区建制撤销后，调任国家建筑工程部直属公司党委副书记、副经理。1958年，进入上海同济大学学习，在校学习期间，任建工系党总支书记、同济大学党委常委，1960年毕业后留校，任同济大学党委副书记。

《山东省志·人物志（下）》（山东人民出版社2004年版）

俞子才（1915—1992），名绍爵，浙江湖州人。

曾在上海市美术专科学校和上海市美术学校任教。1983年后，任上海大学美术学院教授兼学术委员。

抗日战争时期肄业于苏州美术专科学校油画系，其间所作丈二匹《蜀道图》入选全国第二届美展。1938年，师从吴湖帆学画。曾任浙江美术学院教授、中国美术家协会会员、上海市美术家协会会员、上海中国画院画师，兼任上海中国画院学馆、上海越剧院学馆、上海市工人文化宫、上海市广告公司、上海益丰搪瓷厂及上海市中学美术教师国画班美术辅导工作。1988年，曾到日本访学。专攻山水，尤擅长金碧青绿山水，多次为北京人民大会堂绘制巨幅布置画。作品多次参加全国美展。1958年，作品《虎丘山图》入选社会主义国家造型艺术展览会展览。代表作品有《雁荡灵峰》《延安》《峨眉山》《井冈山图》《黄山玉屏楼》《虎丘山图》《万壑松风》等。著有《山水画皴法十要》《青绿山水课徒画稿》《怎样画石》《怎样画松》等。

1981年，俞子才等在衡山饭店创作中国画

俞子才中国画《泉声吞翠壑》

施进浩，1964年生，江苏南通人。中共党员。博士。

1985年，毕业于上海工业大学电机专业。2006年，获上海大学电力电子与电力传动专业博士学位。2013年，任上海大学兼职博士生导师。

2004年起，任职于中国电子科技集团公司第二十一研究所。2008—2014年，任金龙机电股份有限公司独立董事。2011年，任东南大学兼职教授。兼任中国电工技术学会微特电机专业委员会主任委员、中国电子学会元件分会副主任委员、国防科技进步奖评审委员会委员、中电元协微特电机与组件协会理事长、全国微电机标准化技术委员会副主任委员。现任中电科技机器人公司党委书记、执行董事、总经理，中国电子科技集团公司第二十一研究所党委书记、所长。

1995年，获电子工业部优秀科技青年荣誉称号；2002年，被中国人民解放军总装备部、国防科学技术工业委员会授予"军三星"先进个人荣誉称号。曾获上海科学院科技进步奖二等奖、电子工业部科技进步奖二等奖等。

为上海市第十五届人大代表。

2015年2月，施进浩做客中国经济网"经济热点面对面"栏目

2019年2月，施进浩参加中国电子科技集团公司第二十一研究所召开的2018年度党支部书记述职评议会

施利毅，1963年生，江苏海门人。中国民主同盟成员。博士。教授。

1990年，获上海工业大学应用化学专业硕士学位。2002年，任上海大学纳米科学与技术研究中心副主任。2006年，任上海大学科技处处长。2014年，任上海大学科技发展研究院院长。2016—2019年，任上海大学科技园区公司总经理。

1985年，毕业于上海师范大学化学专业。1999年，获华东理工大学化学工艺专业博士学位。为上海产业技术研究院首席专家、上海市纳米科技与产业发展促进中心首席科学家、国家科技部纳米复合功能材料国际科技合作示范基地负责人、国家教育部材料复合及先进分散技术工程技术中心主任、上海资源环境新材料及应用技术工程中心主任、上海新材料及应用协同创新中心主任、上海市先进复合材料设计与制造专业技术服务平台主任、国家纳米技术标准委员会委员、上海市颗粒学会理事长。承担了国家重点研发项目、国家科技支撑计划项目、国家863项目、国家科技攻关项目世博科技专项等课题。2020—2022年，入选科睿唯安跨学科邻域全球高被引科学家名单。2007年，入选上海市领军人才及上海优秀学科带头人。2008年，入选新世纪百千万人才工程计划。2009年，获评上海市教育先锋号带头人。

曾获教育部科技司"十一五"高校科技管理先进工作者、上海市育才奖、上海市科技进步奖一等奖、上海市科技进步奖二等奖、教育部科技进步奖二等奖等科技奖励10项。

为民盟上海市第十三届委员会常委、民盟上海大学委员会副主委，上海市宝山区第六届政协常委。

2017年11月，施利毅获聘澳门高新技术交易所专家委员会专业委员

2018年9月，施利毅在新能源汽车用关键材料与技术专题研讨会上做报告

姜文正，1969年生，江苏盐城人。研究员。

1991年，毕业于上海科学技术大学应用化学专业。

2005年，获哈尔滨工业大学航天工程专业硕士学位。1991—1996年，在上海新宇电源厂工作，曾任助理工程师、副主任。1996—2018年，在中国航天科技集团八院八一一所工作，历任科技处副处长、处长，八一一所所长助理、副所长、所长，八院院长助理、副院长。曾任神舟硅业董事长、总经理，上航工业董事、总经理，航天机电董事会董事长、航天能源公司董事长、香港上航控股董事长。2018年起，任深圳航天科技创新研究院党委书记、院长。

曾获上海市职工信赖的好经理（厂长）、呼和浩特市青年五四奖章、航天科技集团航天人才培养先进个人等荣誉称号与航天科技集团航天贡献奖。

曾为呼和浩特市人大代表、深圳市党代会代表。

2020年6月，姜文正（左）等参加辽宁省交通运输厅与深圳航天科技创新研究院战略合作座谈暨签约仪式

2022年7月，姜文正在深圳航天科技创新研究院召开庆祝建党101周年大会上发言

姜建忠，1957年生，上海人。教授。

1986年起，在上海大学美术学院油画系任教，后历任油画系主任，上海大学美术学院院长助理、博士生导师。

1978年，毕业于上海工艺美术学校。1983年，毕业于解放军艺术学院美术系，同年任北京总政歌舞团舞美设计。为中国美术家协会会员、中国油画家协会理事、上海美术家协会油画艺术委员会主任、上海海上油画雕塑创作中心理事。主要从事艺术教育和艺术创作研究。

1995年，获上海市高校优秀青年教师荣誉称号；1988年，获第二届上海青年美术作品展油画大奖，作品被上海美术馆收藏；1988年，获上海艺术壁挂设计二等奖；1990年，获美国图书博览会国际奖；1990年，获台湾图书博览会金鼎奖；2001年，获上海美术大展油画三等奖，作品《宋士杰》入选"建国50年连环画精品作品鉴赏选"；2003年，油画《人物》获北京国际双年展序列展暨中国十大美术学院教师作品展学术优秀奖；2005年，油画《解读黛安·阿勃丝No.1》获上海美术大展创意奖；2010年，获上海优秀文艺人才特别奖、上海文艺创作精品奖。

2021年11月，姜建忠在个人作品展上讲话

姜建忠油画《解读戴安·阿勃丝No.1》

洪志华，1960年生，上海人。博士。

1997年，毕业于上海大学管理工程专业。

2005年，获澳大利亚南澳大学工商管理博士学位。1985—1989年，任上海交通运输局团委副书记兼办公室主任。1989—1992年，任上海交通运输局团委书记、上海交通邮电系统青年工作领导小组组长。1992—1993年，任上海市黄浦区外经贸委主任助理（挂职）。1993—1999年，历任上海市浦东新区经济贸易局投资项目处副处长、党组成员、副局长，上海市浦东新区协作办公室副主任。1999年，任上海外高桥（集团）有限公司党委委员、副总经理，兼任天安保险公司等数家公司董事。2005—2016年，任仁恒置地集团有限公司执行董事兼执行副总裁。2009—2015年，任中新南京生态科技发展有限公司执行董事兼首席执行官。2016年，任康耀城市综合开发（上海）有限公司董事长。2020年，任上置集团有限公司执行董事、董事会主席，中民嘉业投资有限公司常务副总裁。

2023年2月，洪志华出席上海大学悉尼工商学院第三届研究生学术节暨"泮池研学"开幕仪式

费战波，1966年生，河南偃师人。北京大学MBA。

1991年，获上海大学电磁测量技术专业硕士学位。

曾任河南省计算机中心经理。2000年，创立新天科技，2011年在深圳证券交易所创业板挂牌上市，并连续三年被福布斯评为中国最具潜力100家上市公司，被《互联网周刊》评为最具投资价值的科技上市企业和物联网100强企业。现任新天科技股份有限公司董事长、上海肯特仪表股份有限公司董事长。兼任河南省仪器仪表学会理事，郑州市信息化促进会第一届理事会副会长，郑州市企业联合会、郑州市企业家协会、郑州市工业经济联合会第五届理事会理事，中国土木工程学会燃气分会第十届编辑委员会委员。长期从事基于物联网的智能计量仪表、智慧水务、智慧农业节水、智慧热力及其延伸产品的研究与开发工作。

曾获中国智能表行业十大风云人物、河南工业创新个人优秀奖、河南省科技创新十佳先进人物、河南十大科技英才、郑州市科技创新先进个人、全国电子信息行业优秀企业家、郑州市优秀民营企业家等荣誉。

为河南省郑州市中原区人大代表。

2011年8月，费战波参加新天科技在深圳证券交易所上市仪式

费战波在新股发行网上路演推介会上致辞

费敏锐，1961年生，江苏吴县人。中共党员。博士。教授。

1984年，上海工业大学毕业后留校工作。1992年，获上海工业大学硕士学位。1997年，获上海大学电力拖动及其自动化专业博士学位。曾任上海大学学术委员会副主任、机电工程与自动化学院党委书记、院长。

1999—2019年，短期在香港理工大学及英国贝尔法斯特女王大学、英国利兹大学、英国埃塞克斯大学、美国弗罗里达大学、澳大利亚斯威本科技大学等任（荣誉）客座教授、高级研究学者、学术顾问和访问学者。兼任中国仿真学会荣誉副理事长、首届中国仿真学会会士、中国仪器仪表学会常务理事及嵌入式仪表及系统技术分会理事长、上海市仪器仪表学会理事长、上海市自动化学会和上海市人工智能学会副理事长，Advances in Manufacturing、Complex System Modeling and Simulation 和《仪器仪表学报》《系统仿真学报》《仪表技术》等期刊编委、副主编、编委会主任。2004年，入选教育部首批新世纪优秀人才计划。2008年，入选上海市优秀学科带头人计划。2014年，入选上海领军人才。为2019年国家重点研发计划项目首席科学家。

曾获国家科技进步奖二等奖1项，上海市科技进步奖、中国机械工业科学技术和中国仿真学会自然科学奖一等奖4项，上海市自然科学奖、科技进步奖和教学成果奖二等奖8项，中国国际工业博览会创新奖2项。

2022年9月，费敏锐（中）与学生合影

费敏锐（左二）与到访的英国贝尔法斯特女王大学代表团一行合影

姚志良，1943年生，上海人。研究员级高级工程师。

2003年后，曾任上海大学机电工程与自动化学院博士生导师。

1965年，毕业于西安交通大学机械系机械制造及工艺专业。曾任机械工业部大连组合机床研究所室主任、上海第十机床厂副总工程师、上海富安工厂自动化有限公司副总理及研究员级高级工程师。1992—2001年，任国家863计划自动化领域智能机器人主题专家组第三、第四、第五届专家组专家，主要负责特种机器人关键技术及自动化装配技术等方面工作。主要研究方向为机械制造自动化、机器棋技术、机电一体化技术等。

1986年，获机械部科技进步奖二等奖；1992年，获机电部科技进步奖二等奖；1993年，获上海市教育成果奖二等奖；1997年，获中国科学院科技进步奖特等奖；1998年，获国家科技进步奖一等奖；2000年，获评科技部国家863计划先进工作者。

曾为辽宁省政协委员。

《华东科技》2003年第12期《2003科技创业领军人物撷英》介绍姚志良

姚志洪，1946年生，上海人。研究员。

1970年，毕业于上海工学院电机系。

1981年，获同济大学电气工程系自动化专业硕士学位。1990—1994年，赴德国西柏林自由大学附属医院做访问学者。1970—1979年，任江苏省盐城地区电机厂技术员。1981—1990年，任上海第二医科大学生物医学工程研究所讲师。1994—2006年，任上海交通大学医学院附属瑞金医院计算机中心教授。2007—2019年，任中国科学院上海生命科学研究院健康科学研究所研究员。曾兼任卫生部卫生信息化专家咨询组、科技部国家专家库、科技部国家医药卫生科学数据共享专家组、国家863计划生物和医药技术领域专家库的专家，卫生部《医院信息基本数据集标准》医学影像组组长，中国卫生信息学会常务理事，中国卫生信息学会卫生信息技术应用专业委员会主任，中国图像图形学会常务理事，中国计算机用户协会图像分会常务理事，上海市信息学会副理事长，上海图像图形学会生物医学工程委员会主任委员。

曾获卫生部1985—1989年优秀计算机软件二等奖；1989年，获上海市科技进步奖三等奖；1992年，获卫生部医药卫生科技进步奖三等奖。

2016年4月，姚志洪在中国慢性病与信息大会上做主题演讲

姚崇斌，1967年生，上海人。研究员。

1989年，毕业于上海科学技术大学电磁场与微波技术专业。为上海大学第一届董事会董事。

2000—2007年，任上海航天技术研究院第八〇四所研究室主任、研究员、所总工程师。2007—2018年，任上海航天技术研究院第八〇四所副所长。2018—2022年，任上海航天技术研究院第八〇四所科技委主任。2022年起，任上海航天技术研究院第804所副所级调研员。兼任上海市宇航学会电子技术专委会主任，《上海航天》第八、第九届编委会委员，宽禁带半导体技术国防重点学科实验室学术委员会委员，中国兵工学会太赫兹专业委员会委员，装备发展部某专业组副组长等。

1998年，获上海航天奖；2006年，获航天科技集团劳动模范荣誉称号；2011年，获上海市领军人才和航天科技集团技术创新先进个人；2021年，"姚崇斌劳模创新工作室"获上海市劳模创新工作室称号。曾获国际科技进步奖二等奖，国防科技进步奖二等奖、三等奖，国防科技发明奖二等奖和上海市科技进步奖三等奖等。

2017年10月，姚崇斌（中）出席上海与西班牙空间科学研究所的GNSS-R技术交流会

敖平，1963年生，重庆人。博士。教授。

2016年，任上海大学物理系、定量生命科学国际研究中心特聘教授、博士生导师。

本科、硕士分别毕业于北京大学、美国伊利诺大学香槟分校。1990年，获美国伊利诺大学香槟分校博士学位。1990—1994年，在美国华盛顿大学物理系做博士后研究。1994—2000年，在瑞典于默奥大学任职。2000—2003年，在美国系统生物学研究所从事系统生物学研究。2003—2008年，任华盛顿大学机械工程系副教授。2008年，任上海交通大学系统生物医学研究院特聘教授。研究集中于系统生物学中的计算方法和基础理论框架的建立，主要包括噬菌体遗传开关的稳定性以及生物网络中可靠性和稳定性的随机统计方法。为国家973计划首席科学家、教育部长江讲座教授、上海市领军人才、上海市高层次人才计划引进人才。

2022年2月，敖平在CUSPEA学者系列讲座上做报告

袁园，1965年生，江苏苏州人。中国民主促进会成员。博士。中学高级教师。

2014年，获上海大学思想政治教育专业法学博士学位。

1986年，西南师范大学地理系毕业后参加工作。曾任上海市闸北区环保局局长、民进闸北区委副主委，上海市闸北区、静安区环保局联合工作组行政负责人，上海市静安区环保局局长、民进静安区委副主委，上海市奉贤区副区长，教科文卫体专委会副主任等职。2017年，任上海市奉贤区副区长。2022年起，任上海市黄浦区副区长、区红十字会会长。

曾获2009年全国优秀教师、全国优秀德育工作者等荣誉称号。

为上海市政协第十、第十一届委员、常委，上海市政协第十四届委员，上海市第十四届人大代表。

2019年12月，袁园在古华中学与上海市奉贤区参加市教学评比获奖教师交谈

袁欣，1963年生，江苏常州人。中共党员。博士。

1985年，毕业于上海大学工学院计算机应用专业。

1992年，获中欧工商管理学院工商管理（MBA）学位。后获香港理工大学与中国人民大学联合授予的管理学博士学位。1985年，入职上海贝尔有限公司，历任生产部副经理、生产供应部经理、公司副总经理助理；1998年任副总裁，主管市场营销和工程服务；2000年任高级副总裁；2004年任党委书记、董事长。2017年起，任上海诺基亚贝尔股份有限公司党委书记、董事长。

为上海市第十五届人大代表。

2018年12月，袁欣接受《人民邮电》记者关于"改革开放40年"专访

袁晓蕾，1981年生，上海人。

2003年，毕业于上海大学法学院。

2004年，入职上海彤程化工有限公司，历任客户服务部专员、客户服务部经理、采购经理、供应链副总监、采购部总监。2019年起，任彤程新材料集团股份有限公司副总裁。持有美国供应管理协会CPSM职业资格认证，英国皇家采购与供应学会CIPS最高等级资格认证。

2021年10月，袁晓蕾在"可持续发展共建联盟"成立仪式上讲话

袁鸿根，1963年生，浙江玉环人。澳大利亚昆士兰阳光海岸大学MBA。

1985年，毕业于上海工业大学冶金系分化专业。

2002年，获澳大利亚昆士兰阳光海岸大学工商管理硕士学位。1998—2001年，任北轩集团上海代表处业务发展部首席代表。2001年，加盟IMAX公司，负责建立IMAX公司上海代表处并任首席代表和销售总监，2005年任影院发展部副总裁。2011年起，任IMAX中国大中华区影院发展高级副总裁。

2021年，袁鸿根在中购联中国购物中心国际论坛第十九届年会暨CASC2021亚洲购物中心大会上演讲

聂国华，1964年生，江西南昌人。博士。教授。

1991年，获上海工业大学上海市应用数学和力学研究所博士学位。

1991—1993年，在上海交通大学做博士后研究。1993年起，任教于同济大学工程力学系，1997年晋升为教授，历任工程力学系工程与固体力学研究室主任、系副主任。曾在香港大学、香港理工大学、台湾大学及德国波鸿鲁尔大学、美国俄克拉荷马州立大学进行合作研究工作。曾任第五、第六届国际固体断裂与强度会议分会主席，国际非均匀材料力学会议分会主席，第五届国际非线性力学会议分会主席。现任同济大学教授、博士生导师，力学学科专业委员会副主任，航空航天与力学学院应用力学研究所所长。兼任中国力学学会第五届青年工作委员会委员，上海市力学学会第九、第十届理事、青年工作委员会副主任，上海市宇航学会高级会员，《力学季刊》编委。主要从事柔性板壳的屈曲、振动，复合材料力学，纳米材料和结构，固体与结构中的波动以及飞行器设计与分析领域的研究工作。先后入选教育部高等学校首批骨干教师资助计划、教育部优秀青年教师资助计划、教育部首批新世纪优秀人才支持计划和上海市首批浦江人才计划。

1997年，获德国洪堡奖学金；1996年，获国家教委科技进步奖三等奖。1997年、2000年，分别获上海市科协第七、第八届青年优秀科技论文奖三等奖；2002年，获上海市科技进步奖二等奖。

2017年，聂国华在同济大学航空航天与力学学院研究生毕业典礼上发言

夏国强，1964年生，浙江定海人。高级工程师。

1987年，毕业于上海工业大学机械专业。

1987—1999年，历任上海江湾机械厂技术科技术员、副科长，维纳斯针车上海有限公司（台资）市场部经理，金明顿热水炉有限公司（中加合作）市场总监。1999—2012年，历任胜家（上海）缝纫机有限公司工程制造部经理、产品经理、中国区销售总监、全球工业品采购经理。2012年，加入上工申贝（集团）股份有限公司，历任德国杜克普爱华股份公司上海采购中心经理、杜克普爱华工业制造（上海）有限公司副总经理、普法夫工业缝纫机（太仓）有限公司总经理、浙江上工宝石缝纫科技有限公司总经理。现任上海上工蝴蝶缝纫机有限公司执行董事兼总经理。

2019年3月，夏国强在上工富怡年度经销商大会暨产品发布会上致辞

夏玲英，1953年生，江苏江宁人。中共党员。

1978—1980年，任复旦大学分校学生会秘书长。1980—1982年，任复旦大学分校中文系助教。1982—1984年，任复旦大学分校团委书记。1984年，任上海大学文学院党委宣传部副部长（代理部长工作）兼中文系党总支书。1988年，任上海大学党委宣传部部长。1991年，任上海大学商学院党委副书记。1993年，任上海大学国际商学院党委副书记。1994年后，曾任上海大学党委宣传部部长、副校长。

1972—1975年，就读于复旦大学外文系俄文专业。1990年，毕业于华东师范大学中文系。2001年，调任中国教育工会上海市第六届委员会主席，兼任上海市女职工委员会副主任、市妇联第三届执行委员，全国教科文卫体工会女职工委员会副主任。

曾获上海市优秀工会干部、上海市三八红旗手等荣誉称号。

为上海市第十、第十一届政协委员。

2012年，夏玲英（中）率团访问美国洛杉矶、旧金山，参观当地教育工会机构

顾大为，1951年生，上海人。美国籍。博士。电子学家。

1977年，毕业于上海科学技术大学广播电视专业。

1984年，获美国纽约市立大学电气工程与信号处理专业硕士学位，后获哥伦比亚大学博士学位。1985年，就职于美国菲利普实验室，先后任飞利浦首席顾问科学家、总裁科学顾问。2002年，应邀回国，任上海广电集团中央研究院院长。

1992年，因发明电视抗重影信号获美国最优新发明奖；1993年，获美国研究和发展100项大奖中的2项大奖；1995年，获美国艾美科学奖（为首位获奖华裔人士）。

2002年4月，钱伟长校长会见顾大为（右一）

顾炳鑫（1923—2001），上海人。斋名"芦顶楼"。画家。

1984年，任上海大学美术学院中国画系主任、教授。

1952年，入职华东人民美术出版社，从事连环画、年画、宣传画创作，任连环画创作室副主任。曾任中国美术家协会第二至第四届理事、上海美术家协会主席团委员、上海美协连环画艺委会主任。被誉为"南顾北刘（继卣）""新连环画的开拓者""白描圣手"等。连环画《渡江侦察记》《红岩》获全国连环画评奖二等奖；木刻插图《药》《阿Q正传》参加第一届社会主义国家造型艺术展览会展览。出版有画辑《阿Q正传》、连环画《列宁在十月》《英雄小八路》、中国画《顾炳鑫画集》等。曾在新加坡举办个人画展。

1956年，获全国青年美展三等奖；1963年、1964年、1981年，获全国连环画评奖二等奖。

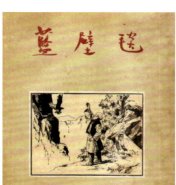

顾炳鑫创作的连环画《蓝壁毯》封面

顾炳鑫在创作

顾炳鑫中国画《白居易问诗图》

顾辉，1963年生，江苏如皋人。博士。教授。

2014年后，任上海大学特聘教授。现任上海大学材料工程与科学学院教授。

1989年，获北京大学博士学位。1989—1991年，获中国博士后科学基金并在中国科学院北京物理所任助理研究员。1991—1993年，在法国南巴黎大学（现巴黎萨克莱大学）固体物理实验室（属法国科研中心）做博士后研究。1993—1995年，获马普博士后基金在德国斯图加特马普金属所工作。1995年，作为访问研究员在法国南巴黎大学固体物理实验室做研究工作。1996—1999年，作为日本科技振兴事业团"陶瓷超塑性"项目专职研究员在名古屋日本精细陶瓷中心工作。2000—2014年，任中国科学院上海硅酸盐研究所研究员。主要从事先进陶瓷材料微结构物理、界面化学及其与本征性能关系的研究。2000年，获中国科学院百人计划资助。2003年，获马普学会资助建立"马普伙伴小组"。2005年，获国家杰出青年科学基金项目。

2021年10月，顾辉在全国电子显微学学术年会材料科学分会场做报告

钱乃荣，1945 年生，上海人。教授。吴语研究专家。

1981 年，入职复旦大学分校，任中文系教师；后任上海大学文学院教授，直至退休。

1967 年、1981 年，本科、研究生毕业于复旦大学中国语言文学系。1968—1970 年，在江苏溧阳中国人民解放军部队锻炼。1970—1978 年，在上海市奉贤县中学任教。1985 年、1988 年，任美国加州大学伯克利分校语言分析中心客聘语言学副研究员，合作研究当代吴语。1991—1994 年，任日本国立福井大学教育学部外籍教师。兼任中国语言学会理事、上海语文学会副会长、上海语言研究中心副主任。主要从事中国语言文学等方面的教学和研究。

1986 年，获第一届上海市哲学社会科学优秀成果奖论文奖；1999 年，获国家社会科学基金项目优秀成果三等奖，著作入选上海市出版界新中国成立 50 周年精品著作；2008 年，获第九届上海市哲学社会科学优秀成果奖著作类三等奖。曾获国家辞书优秀成果一等奖、国家教委人文社科优秀成果奖二等奖等。

2017 年 12 月，钱乃荣接受新华小记者采访

钱乃荣著《北部吴语研究》书影

钱文明，1963年生，江苏张家港人。博士。

上海工业大学自动化系1991届硕士生、1994届博士生。在读期间参与上海市科委、教委的科研项目，获上海市科研成果二等奖。

1999年，创立上海博杰科技股份有限公司，历任博杰有限品质总监、执行董事、总经理等职，公司致力于轨道交通车载紧急逆变电源、电梯应急后备系统等工业控制产品的开发、设计、销售及服务。2015年，博杰科技在新三板成功挂牌。

2016年9月，钱文明在上海博杰科技入驻上海智城研发基地仪式上致辞

钱光人，1960年生，浙江象山人。中共党员。博士。教授。

2002年，入职上海大学。2003年，任环境与化学工程学院环境系主任。2005年，任上海大学环境与化学工程学院副院长兼环境工程系主任。2015年，任科学技术处处长。2017年，任上海大学高等研究院副院长，后任学校创新管理部副部长。

1999年，获南京化工大学无机非金属材料专业博士学位。2001—2002年，在新加坡南洋理工大学环境工程研究中心做博士后研究。兼任上海环境学会固体废物专业委员会主任委员，国家环保部、科技部和商务部国家生态工业示范园区建设领导小组特聘技术专家，澳大利亚悉尼科技大学环境工程系访问教授，2005—2007年欧盟—浦东中国环境生态改善、日本川崎—浦东2010循环经济等国际项目中方技术负责人。2012年，入选上海市领军人才计划。

2000年，获中国人民解放军科技进步奖二等奖；2008年，获上海市科技进步奖二等奖；2009年，获上海市育才奖；2010年，获上海市科技进步奖三等奖；2011年，获王宽诚育才奖；2012年，获上海市科技进步奖二等奖、环保部科技进步奖二等奖；2013年，获上海市科技进步奖三等奖。

2019年8月，钱光人在第七届上海固废热点论坛上演讲

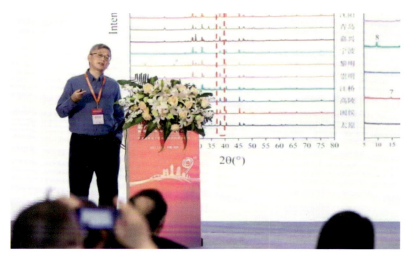

2022年，钱光人在科技引领助力固废处置高质量发展专题论坛上演讲

钱孝衡，1925年生，浙江嵊县人。中共党员。

1982—1984年，任上海科学技术大学副校长。1984年，任上海科学技术专科学校校长。

1951年，复旦大学毕业后留校任教。历任复旦大学系总支书记、党委办公室主任、人事处处长、党委组织部部长。

1985年，钱孝衡（前排右一）与到访的美国艾奥瓦大学谭默教授合影

钱孝衡（左二）等校领导合影

钱晋武，1962年生，浙江绍兴人。中共党员。博士。教授。

1988—1994年，历任上海科学技术大学讲师、副教授。1994—2017年，历任上海大学副教授、教授，机电工程与自动化学院副院长（主持工作），中欧工程技术学院院长兼直属党总支书记。

1982年，毕业于浙江大学机械工程系。1988年，获中国科学院长春光学精密机械研究所工学硕士学位。1993年，获北京航空航天大学工学博士学位。1999—2000年，任美国卡内基-梅隆大学访问研究员。长期从事机械电子工程专业科研和教学工作，研究方向为先进机器人技术与数字医疗装备，主持过国家863计划项目和国家自然科学基金课题共10项。1999年，入选新世纪百千万人才工程计划。2010年，入选上海市优秀学科带头人计划。

曾获中国科学院科技进步奖二等奖、霍英东教育基金会青年教师奖，获上海市科技启明星、上海市曙光学者荣誉称号。

2021年11月，钱晋武在第一期"慧聚慧享"沙龙上发言

钱晖，1969年生，浙江宁波人。中共党员。博士。正高级工程师。

1991年，毕业于上海工业大学机械制造及其自动化专业。2005年，获中欧国际工商学院硕士学位。2017年，获上海大学机械制造及其自动化专业博士学位。

1991—1995年，任上海柴油机股份有限公司工程师。1995—1997年，任职于上海市科技对外服务有限公司。1997年起，任上海发那科机器人有限公司总经理。兼任上海市机器人行业协会副会长、中国机器人产业联盟副理事长、上海市机器人学会副理事长。长期从事机器人智能制造研究和应用推广工作。

2012年、2013年、2014年，获上海电气集团科技进步奖；2014年，获评上海市劳动模范；2013年、2016年，获评宝山区第七批及第八批拔尖人才；2019年，获上海市产学研究合作优秀项目奖二等奖。

2017年5月，钱晖（前排左）参加发那科等企业与上海大学共建智能制造与机器人创新实验室签字仪式

钱斌，1972年生，江苏滨海人。中共党员。高级工程师。

1995年，毕业于上海大学计算机工程专业。

2004年，获复旦大学与香港大学合作培养的工商管理专业硕士学位。曾任中国工商银行网络金融部总经理、主要负责人，数据中心（上海）总经理，私人银行部副总经理，信息科技部副总经理；中国工商银行上海分行信息技术部总经理兼技术保障中心主任，信息技术部副总经理，信息技术部总经理助理。2021年起，任交通银行党委委员、副行长。2022年，兼任交通银行首席信息官。

2022年12月，钱斌在第四届上海金融科技国际论坛上致辞

徐灿，1953年生，江苏南京人，教授级高级工程师。

1982年，毕业于上海科学技术大学理论物理专业。

1994年，获华东师范大学概率论与数理统计专业硕士学位。1982—1985年，在上海无线电二十八厂工作。1985—1994年，在中国科学院上海冶金研究所任助理研究员、副研究员。1989—2000年，历任高维系统优化公司调优部经理、教授级高级工程师。2000—2020年，任上海高维化学有限公司董事、教授级高级工程师、子公司法人总经理、数据中心主任等职。2021年起，任上海海联润滑材料科技有限公司监事、办公室主任。

1991年，获国家科技进步奖二等奖；1994年、1995年，两次获广东省科技进步奖三等奖；1992年、1996年，两次获中国石油化工总公司科技进步奖三等奖；2003年，获上海市科技进步奖三等奖。

2003年10月，徐灿（右）参加科技部"中国火炬中心驻新加坡代表处"揭牌仪式

徐建融，1949年生，上海人。教授。

1984年起，任教于上海大学美术学院，1992年晋升教授。

1980年，毕业于上海师范大学物理系。1984年，获浙江美术学院研究生班硕士学位。兼任上海市"十五"规划文学、艺术、新闻学科组评审委员会委员。1993年起，任《东方艺术市场》副主编；1995年起，任《艺术与设计》编审。主要从事美术史论、书画鉴定、中国画创作等方面的教学和研究。承担国家重点科研项目《中国美术史》十二卷编委暨宋代上、下卷主编，清代上、下卷副主编。出版有《中国绘画》《书画鉴定与艺术市场》《毗庐精舍集》《徐建融山水花卉扇册》《徐建融山水花鸟图册》等专著画集100余部。

曾获中宣部"五个一工程"奖图书奖、国家优秀艺术图书奖一等奖、国家优秀辞书奖、国家优秀图书提名奖等。

为上海市第九、第十届政协委员。

2022年11月，徐建融在"人文松江·'说乎'大讲堂"做讲座

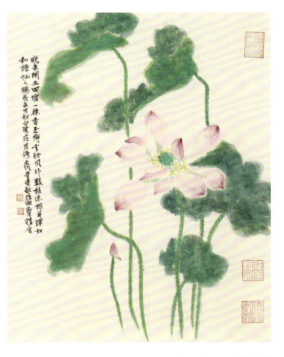

徐建融中国画《荷》

徐拾义，1941年生，上海人。中共党员。教授。

1964—1981年，任上海科学技术大学计算机科学系助教、讲师。1983—1990年，任上海科学技术大学计算机科学系讲师、副教授。1992—1996年，任上海大学计算机科学系教授。2006年起，任上海大学计算机工程与科学学院计算机应用技术专业博士生导师。

1964年，本科毕业于复旦大学数学系。1981—1983年，在美国纽约州立大学进修并任教。1990—1991年，任美国科罗拉多州立大学客座教授。1991年，赴日本防卫大学、明治大学讲学。1996—1997年，任美国科罗拉多州立大学、美国IBM公司客座教授、高级访问学者。历任IEEE计算机学会高级会员、环太平洋可信计算决策委员会委员、亚洲国际测试决策委员会委员。现任中国计算机学会容错计算专业委员会副主任委员，兼测试学组组长。

1996年，获国家教科委科技进步奖（甲类）；2001年，获IEEE/TTTC突出贡献奖；2015年，获中国计算机学会容错计算专业委员会终身成就奖。

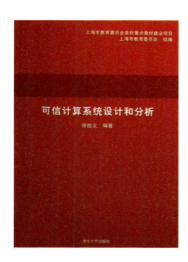

徐拾义编著《可信计算系统设计和分析》书影

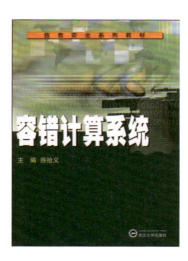

徐拾义主编《容错计算系统》书影

2018年10月，徐拾义（右二）任IEEE第19届亚洲国际测试系列学术会议主席并与参会专家合影

徐海珍，1969年生，上海人。

1991年，毕业于上海科学技术大学数学系计算数学与应用软件专业。2021年，与丈夫、上海大学数学系1991届校友、上海新致软件股份有限公司董事长兼总裁郭玮共同向上海大学教育发展基金会捐赠设立"阳阳教育基金"，助力学校人才培养。现任前置通信技术有限公司董事。

2021年7月，徐海珍在上海大学2021年理学院毕业典礼上致辞

2022年10月，徐海珍（左二）获上海大学优秀校友奖

徐继伟，1966年生，江苏宜兴人。

1988年，毕业于上海科学技术大学计算机及应用专业。

1999年，获中欧国际工商学院高级经理人管理文凭（CEIBS）。1988年，加入3M中国有限公司。1996年，任3M中国电子电气市场业务部门经理。2005年，调3M美国总部，任工业特殊材料部全球六西格码黑带总大师。2006年，任3M香港董事总经理。2008年，任3M中国工业事业部副总裁。2015年，任3M台湾董事总经理。2018年，再次调3M美国总部，任3M全球电气电力产品部副总裁兼总经理。2020年，任3M大中华区安全与工业产品事业部资深副总裁、3M全球资深副总裁。2021年，兼任3M中国总裁。2022年，离开3M，任上海汇沁企业管理咨询有限公司董事总经理。

2021年10月，徐继伟参加3M全球志愿者日活动

徐得名，1934年生，浙江衢县人。教授。美国电气电子工程师协会高级会员。

1965年后，历任上海科学技术大学讲师、教授、光纤研究所所长。1987—1994年，任副校长。1994年后，历任上海大学副局级巡视员，校学术委员会副主任，通信与信息工程学院教授、博士生导师。

1959年，本科毕业于华东师范大学物理系。1962年，研究生毕业于华东师范大学无线电电子学专业。曾兼任中国电子学会理事、国家自然科学基金会专家评委、电子部高等工科院校专业指导委员会委员、上海市电子学会常务理事。长期从事微波、毫米波技术、光电子技术及微波与光技术相互结合等领域的科学研究和研究生教学工作。

1977年，获上海市科学大会奖；1983年，获上海市重大科技成果奖三等奖。1989年，获评上海市优秀教育工作者；1995年，获评上海教委系统优秀共产党员。

为上海市第十届人大代表。

1995年，徐得名（右二）随钱伟长校长出访新加坡

20世纪90年代末，徐得名在上海电子学会做学术报告

徐瀚，1965年生，陕西人。高级工程师。

1991年，获上海工业大学理论电工专业硕士学位。

1985年，毕业于空军地空导弹学院。1985—1988年，在某部队任职。1991—1995年，历任交通银行电脑中心信息管理处干部、副主任科员、主任科员。1995—2004年，历任交通银行香港分行策划部高级主任、电脑部经理、电脑中心副总经理、信息科技部（电脑部）副总经理。2004—2018年，历任交通银行太平洋信用卡中心副首席执行官、副总经理（副首席执行官）、总经理（首席执行官）、个人金融业务部（消费者权益保护部）总经理、互联网中心（线上中心）总裁兼业务总监。2020年，任中国农业银行股份有限公司副行长。

2022年6月，徐瀚接受电子银行网专访

殷保津，1927年生，江苏泰兴人。中共党员。

1960年，调入上海科学技术大学。历任硅酸盐化学与工学系党支部书记，校党委办公室副主任、党委组织部副部长，物理系党总支书记，校党委副书记兼组织部部长。

1945年，参加革命。先后在苏中行署审计室、苏皖边区政府财政厅、华东财经委员会审计室和华东财委驻大连办事处工作。新中国成立后，在上海市军管会、华东纺织管理局工厂工作委员会工作。1951年，毕业于中国人民大学专修科工管班。1953年，调至国营上海麻纺织厂，历任劳动工资科科长、厂党委宣传部部长、厂党委代理副书记。后调任中共上海市提篮桥区委统战部副部长、上海市虹口区委统战部副部长。1980年，任上海市教育学院分院党委书记。

1949年，殷保津在上海市军事管制委员会工作时的臂章、徽章

翁培奋，1964年生，浙江绍兴人。中共党员。博士。教授。

1994—1998年，历任上海大学上海市应用数学与力学研究所副教授、支部书记、教授、博士生导师等。1998—2004年，历任上海大学理学院副院长、主持工作副院长。2004年，任上海大学研究生部主任，理学院党委书记兼执行院长。2013—2015年，任上海大学党委常委、理学院党委书记兼执行院长、钱伟长学院院长（兼）等。

1981—1992年，先后获南京航空航天大学动力工程系学士、硕士和博士学位。2015年，任上海电力学院副校长。2018年，任上海电力学院党委副书记。为中国力学学会理事、中国空气动力学会理事、上海市力学学会副理事长、上海市学位委员会第四届（力学）学科评议组召集人。入选上海市教委曙光计划、上海市科委青年科技启明星计划。

曾获上海市优秀青年教师、上海市优秀教育工作者、上海市新长征突击手、上海市高校就业工作先进个人、上海市教卫党委系统创先争优优秀共产党员等荣誉称号；获国家教委科技进步奖三等奖、中国力学学会青年科技奖、上海市科技进步奖三等奖、教育部首届高校青年教师奖等。

2016年，翁培奋（中）赴七一一所调研

2017年，翁培奋在上海电力大学做报告

高廷春，1933年生，江苏扬州人。中共党员。

1990—1994年，任上海科学技术大学副校长。

1964年，上海科学技术大学工程力学系火箭总体设计专业毕业后留校。历任工程力学系学生年级指导员、精密机械工程系党总支书记、校人事处处长、校务处处长、校总务长、校长助理、副校长。

高廷春（左三）与到访的国际友人合影

高建华，1963年生，浙江绍兴人。中共党员。博士。教授。

1988年，获上海科学技术大学计算机系硕士学位。

1998年，获东华大学信息科技学院博士学位。1998—1999年，在日本NTT中部株式会社、名古屋银行科研合作学习。2005—2006年，在美国怀俄明大学访问学习。曾任东华大学信息科学与技术学院副院长，上海师范大学理工信息学院副院长、数理信息学院院长。2004年，任上海师范大学校长助理。2009—2018年，任上海师范大学副校长。2018年起，任上海开放大学党委副书记。为中国计算机学会容错专业委员会委员，第十一届全国容错计算学术会议程序主席，IEEE PRDC '09程序主席，全国容错计算学术会议、全国测试学术会议程序委员，中国计算机学会高级会员，上海市学位委员会计算机科学与技术学科评议组委员。已主持完成科研项目10项。

2001年，获上海市曙光学者称号。

2016年11月，高建华在上海师范大学2016级新生开学典礼上讲话

2022年11月，高建华出席上海开放大学新一轮首期党员集中培训班开班仪式

郭秀云，1956年生，山西人。中共党员。博士。教授。

2003年后，任上海大学教授、博士生导师。

1982年，毕业于山西大学数学系。2002年，获香港中文大学博士学位。1982—2003年，任教于山西大学。曾赴香港中文大学及澳大利亚国立大学、美国俄亥俄州立大学、西班牙巴伦西亚大学、德国Friedrch-Schiller大学和Justus-Liebig大学等进行短期工作访问。主要研究方向为有限群论、组合群论。

曾获省部级一等奖、二等奖和三等奖等奖项。2014年，获高等教育上海市级教学成果奖。

郭秀云与学生合影

2013年12月，郭秀云与岑嘉评合影

郭咏军，1968年生，福建福州人。中共党员。

1991年，上海大学工学院机械设计及制造专业毕业后留校任教。历任上海大学工学院通信系团总支书记，工学院团委副书记、书记，上海大学团委副书记等职。

2004年，获上海师范大学马克思主义理论与思想政治教育专业法学硕士学位。1997年后，调至中共上海市委组织部工作，历任知识分子工作处副调研员、副处长。2010年，任上海市档案局组织人事处处长。2019—2021年，在中国残疾人联合会挂职，任第七届执行理事会理事，兼任组织联络部副主任。2013年起，任上海市残联党组成员、副理事长。

2023年2月，郭咏军出席上海市静安区残疾人联合会第二次代表大会

唐云（1910—1993），字侠尘，浙江杭州人。书画家。

1959年，参与创办上海市美术专科学校。

早年就读于杭州惠兰中学，19岁时任杭州冯氏女子中学国画教师。曾在新华艺术专科学校教授国画，后弃职专事绘画，其间曾多次举办个人画展并与其他画家举办联合画展。1938年，任上海美术专科学校国画系教授，1949年后，任上海美术专科学校国画系主任。曾任上海市美术家协会副秘书长、展览部部长，上海博物馆鉴定委员，上海中国画院副院长、代院长、名誉院长等职。擅长花鸟、山水、人物画，代表画作有《朵朵葵花向太阳》《棉花谷子》《红荷》《鲜花硕果》《郁金香》《松鹰》《竹》《白荷》《海棠双鸟》《山雨欲来》《咏梅》等；出版有《唐云花鸟画集》《革命纪念地写生选》等。

唐云在创作

唐云中国画《新农村新气象》

唐咏，1968年生，上海人。

1991年，毕业于上海大学文学院考古与博物馆学专业。

1991—2000年，在上海起重运输厂任职，曾任党委书记助理。2000年，加入金茂（中国）酒店投资管理有限公司，历任人力资源部总经理、技术支持部总经理、金茂（上海）物业服务有限公司总经理、副总经理等，并任金茂（上海）物业服务有限公司及上海金茂锦江汽车服务有限公司董事。2017年，任金茂（中国）酒店投资管理有限公司总经理兼执行董事。

2020年，获第十二届五洲钻石奖·中国文旅产业年度杰出企业家称号。

2019年4月，唐咏在北京金茂怡生园酒店开业仪式上致辞

2021年6月，唐咏发布金茂自有品牌酒店战略

唐铮，1967年生，浙江瑞安人。中共党员。

1989年，毕业于上海科学技术大学无机非金属材料专业。

2002年，获华中科技大学硕士学位。1989—2008年，任职于中国科学院上海硅酸盐所，历任团委书记、产业开发处副处长、产业办主任、综合办副主任、研究生工作处处长。2008—2013年，历任中国科学院上海分院教育处处长、党群工作处处长、科技合作处处长、分院纪检组副组长、机关与直属单位党委副书记、纪委书记。2013年起，历任中国科学院上海分院院长助理、科技合作处处长、机关与直属单位党委副书记。2017年，任中国科学院上海高等研究院纪委书记。2020年，任中国科学院上海高等研究院党委副书记、纪委书记。

2020年10月，唐铮在中国科学院上海高等研究院党员大会上做报告

唐锐鹤，1939年生，上海人。教授。雕塑家。

1985年，任教于上海大学美术学院，曾任雕塑系副教授。

1965年，毕业于浙江美术学院雕塑系。1981年，获中央美术学院雕塑硕士学位。1965年，在江西南昌从事雕塑创作。1981年，任上海自然博物馆雕塑创作员。1997年，应邀赴美国讲学。1999年，赴韩国参加国际雕刻交流展和学术活动。为中国美术家协会会员。木雕作品《散步》《演员》被中国美术馆收藏。

1985年，作品获第六届全国美术作品展览银奖；1986年，作品获上海市首届艺术节二等奖（雕塑类最高奖）；1991年，作品获庆祝中国共产党成立70周年全国美展铜奖、上海美术展览二等奖；1992年，作品获上海·大阪建交20周年中国国际交流画展优秀作品奖；1994年，作品获中国艺术界名人作品展示会系列大展优秀奖；1998年，作品获世界华人艺术大奖赛优秀作品奖。

唐锐鹤在创作

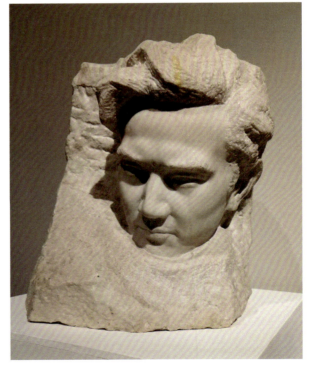

唐锐鹤大理石雕《人民音乐家冼星海》

涂克（1916—2012），原名涂世骧，广西融安人。中共党员。油画家，美术教育家。1960年，任上海市美术专科学院教务长兼油画和雕塑系主任。

1935年，考入杭州国立艺专油画系。1938年，参加新四军。1945年，任苏中画报社社长。1946年，任江淮画报社副社长、山东画报社美术主任。1952年，调入上海文化局工作，历任上海美术设计公司经理、上海文化局美术处处长。1956年，任上海画院秘书长。1963年，任中国美术家协会广西分会副主席。后历任中国美术家协会理事、广西壮族自治区文学艺术联合会副主席、广西书画院副院长等职。代表作品有《淮海战役》《分浮财》《马归原主》《黎明时的短休息》《贫雇农小组会》《缝新衣》《春耕》等；出版有《江淮之波》《涂克画册》《涂克画辑》《桂林山水》等。

涂克油画《亚热带晴朗的天》

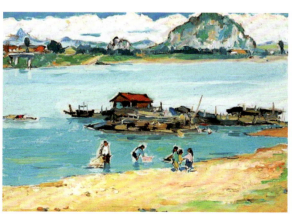

涂克油画《风景》

谈山林（1931—1985），上海人。中共党员。

1964年，毕业于上海科学技术大学工人班，其间插入动力机械系学习。毕业后留校，任工程力学系党支部书记。

1952年，入职上海烟草工业机械厂，1960年获评工程师。1967年，调回上海烟草工业机械厂，历任厂生产办公室副主任、厂党委委员、主管生产副厂长。

1954—1959年，连续五次获评市级劳动模范和市先进生产者；1959年，获评全国先进生产者。

谈山林在做材料力学实验

黄一孟，1982年生，上海人。

2001年，考入上海大学国际工商与管理学院。2003年，创办VeryCD。VeryCD一度成为国内最大的影视、音乐、游戏资源分享网站之一。2009年，创立心动公司，任董事会主席及首席执行官。2021年，以12亿美元财富位列福布斯全球富豪榜第2378名，进入"2021胡润全球白手起家40岁以下富豪榜"。

2019年12月，黄一孟（左）在心动有限公司上市时与戴云杰合影

黄为群，1929年生，江苏海门人。中共党员。

1982—1984年，任上海科学技术大学党委副书记。

1951年，上海交通大学电机系电信专业毕业后参加中国人民解放军，历任雷达技术员、技术副连长、雷达教员、主任教员、教研室副主任、雷达兵团副团长。1978年转业，任电子物理研究所副所长。1984年，调至上海科技管理干部学院，先后任副院长、党委书记。

黄为群在《科学学与科学技术管理》1992年第7期上发表的文章

黄为群在《华东科技管理》1994年第4期上发表的文章

黄勇，1964年生，上海人，美国籍。博士。

1987年、1992年，先后获上海科学技术大学物理系学士、硕士学位。2010年，在上海大学设立光电子实习基地，2019年，在上海大学设立康阔光电子奖学金。曾任上海大学兼职教授。

1995年，获上海交通大学工学博士学位。2000年，创立上海康阔光通信技术有限公司，2001年公司获上海市高新技术企业称号。现任上海康阔光智能技术有限公司及浙江康阔光智能科技有限公司董事长。将特种光纤技术领域的成熟技术应用于高压输电系统的电流测量，确立了开发全光纤电流互感器（FOCT）的项目并获国家科技部863重大专项资助。2013年，完成了核心材料——高双折射保椭圆偏振光纤的开发，进一步开发的全光纤电流传感器已用于国家电网多个特高压输电工程。

2004年，获上海市优秀发明企业家称号；2014年，获国家级人才称号；2022年，获电力系统科技进步奖。

2015年11月，黄勇受聘担任上海大学兼职教授

2020年5月，黄勇与上海大学签约成立光电子生产实习基地

黄祥豫，1934年生，江苏南京人。中共党员。

1986—1993年，任上海工业大学党委副书记、纪委书记，兼上海工业大学老干部工作委员会主任、中共上海工业大学党校副校长。

1951—1954年，为中共中央华东局办公所工作人员。1954—1958年，在复旦大学物理系就读。1958—1986年，在复旦大学工作，曾任人事处处长、党办主任。1993年，调任上海市委党史研究室副主任。

1985年9月，黄祥豫（右一）参加上海工业大学聘请陈省身为名誉教授仪式

戚国强，1967年生，江苏武进人。

1989年，毕业于上海科学技术大学无线电电子系无线电技术专业。

曾任常州无线电专用工具厂助理工程师、常州市武进快克电子设备厂厂长、常州市快克电子设备有限公司总经理。2005年起，任江苏省电子学会SMT（电子制造、智能制造）专业委员会委员。2006年，任常州速骏电子有限公司执行董事、董事、总经理。2012年起，任快克锡焊股份有限公司董事、总经理。兼任常州巨蟹软件技术有限公司执行董事和总经理、快克智能装备股份有限公司董事、常州力合创业投资有限公司监事、常州市快云软件有限公司执行董事和总经理。

多次获武进高新技术开发区授予的科学技术杰出贡献奖和优秀企业家荣誉称号，连续多年获常州市明星企业家荣誉称号。

2019年，戚国强在江苏省电子制造企业高级经理人沙龙活动上致辞

龚应荣，1933年生，上海人。中共党员。教授。

1965年，毕业于上海工学院夜大学。1960—1966年，任上海工学院校长办公室副主任，教学科学处副处长，第一至第三届工会主席，夜校部负责人，科研处处长。1980—1988年，历任上海工业大学外事办公室主任、技术服务部主任、外事处处长、留学生办公室主任。1988年，任上海工业大学副校长。1988—1993年，任上海出版印刷专科学校（上海出版印刷高等专科学校）校长、党委书记。

2021年，龚应荣在上海出版印刷高等专科学校开学第一课上讲话

龚其恩，1964年生，上海人。美国籍。博士。

1985年，毕业于上海工业大学机械制造专业。

后获美国乔治华盛顿大学和美国乔治梅森大学机器人与计算机专业双硕士学位，并以全A优异成绩进入美国斯坦福大学机器人与人工智能专业攻读博士学位。历任德州仪器有限公司工程师、德国西门子集团公司美国西部地区总经理、日本松下集团公司美国西部地区总经理及美国Entivity有限公司亚太区总经理。2001年，成立美国ICP有限公司。曾任加利福尼亚州橙县ISA协会主席。现任美国鹏博控股集团公司董事长、美国ICP高科技有限公司董事长、美国Wellin高科技软件有限公司总裁、美国LSJ地产有限公司董事长和美国LV投资有限公司董事长等。曾为中国国际贸易促进委员会常务副会长、美国分会会长，中国对外贸易理事会副理事长。

2010年11月，龚其恩登上《中国对外贸易》杂志封面

龚其恩（右一）在云南省麻栗坡县某小学

龚怡，1966年生，上海人。中共党员。

1988—1996年，在上海科学技术大学工作，曾任学生处思想政治科科长。

1988年，毕业于华东师范大学哲学专业。1996—2016年，历任中共上海市委老干部局政治待遇处处长、办公室主任、信访办主任，上海市关心下一代工作委员会办公室主任。2016年，任中共上海市委老干部局副局长、上海市关心下一代工作委员会副主任，分管政治待遇处、发挥作用指导处（上海市关心下一代工作委员会办公室）、上海市老干部大学工作。

2022年8月，龚怡在宝山区离退休干部专业志愿服务队成立仪式上讲话

2022年12月，龚怡在长三角区域老年素质教育红色文化研学资源开发成果发布会上讲话

盛康龙，1946年生，上海人。研究员。

1967年，毕业于上海科学技术大学理化系核物理专业。

大学毕业后，先后在浙江省军区乔司军垦农场和上海九〇一厂劳动锻炼。1974年，调至中国科学院上海原子核研究所，先后从事离子束分析和射线应用等领域的研究，曾任该所核分析中心主任、计划处处长、辐射技术中试研究基地主任，中国核学会辐射研究与辐射工艺分会主任，中国科学院上海应用物理研究所研究员。历任《辐射研究与辐射工艺学报》《核技术》与 Nuclear Science and Techniques 刊物主编。

1980年、1995年，先后获中国科学院重大科技成果奖二等奖和中国科学院自然科学奖二等奖。

2011年4月，盛康龙在上海图书馆做科普报告

2016年10月，盛康龙在老同志集体祝寿活动上与老战友合影

盛善珠（1932—2022），上海人。中共党员。高级政工师。

1984—1992年，任上海大学党委办公室主任、党委副书记等职。

1950年，毕业于上海市中西女中。1953年，毕业于复旦大学新闻系。曾任复旦大学国际政治系、经济系党总支书记。

1984年，盛善珠（右一）等校领导合影

盛善珠接见到访的澳大利亚专家

章永浩，1933年生，浙江杭州人。雕塑家。

1985年，负责筹建上海大学美术学院雕塑系并任系主任。

1956年，研究生毕业于中央美院华东分院雕塑系。1956年，进入中国雕塑工厂华东工作队工作。1983年，作为中国雕塑家代表团成员之一，赴苏联考察城市雕塑。1987年，应民主德国国家领导人之邀，参加在柏林布赫市举行的国际雕塑会议。兼任中国雕塑家协会顾问、刘开渠艺术研究院副院长、全国城市雕塑艺术委员会委员、中国美术家协会艺术委员会委员、中国雕塑学会常务理事、上海城市雕塑艺术委员会主任等职。为第五至第七届全国美术展览会评委。重要作品有上海外滩《陈毅市长纪念像》、上海复兴公园《马克思、恩格斯纪念像》。

1984年，获第六届全国美展上海区佳作奖；1987年，获首届全国城市雕塑优秀奖；1990年，获上海城市雕塑40年二等奖；2010年，获新中国60周年城市雕塑建设成就奖。

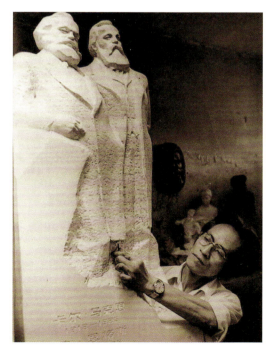

章永浩在创作

章永浩雕塑《陈毅市长纪念像》

章苏阳，1958年生，江苏人。中欧国际工商管理学院MBA。

1981年，毕业于上海科学技术大学电子工程专业。

1988—1990年，在德国进修企业管理。后曾在华东师范大学进修国际金融。本科毕业后分配到上海101厂工作。1990年后，历任上海贝尔电话设备制造有限公司中央计划协调主管、邮电部上海520厂副厂长、海南万通集团上海公司总经理。1994年，加入IDG技术创业投资基金。2016年，创办上海火山石投资管理有限公司。曾投资携程、康辉医疗、如家、汉庭、平安好医生等诸多知名企业，涉及电子、通信及软件等多个领域。2011年，入围《福布斯》中文版第六次发布"中国最佳创投人"榜单。

2021年5月，章苏阳在首届StartDT Day数据技术大会上演讲

彭超才，1977年生，河南人。

2008年，毕业于上海大学理学院无机化学专业。

2008—2012年，任职于中材科技风电叶片股份有限公司。后加盟台达电子企业管理（上海）有限公司。2018年，任阳光电源风能事业部总裁。2020年，任阳光电源集团副总裁。2022年，任阳光氢能科技有限公司董事长。

2022年10月，彭超才在"氢听剧场"做报告

2023年3月，彭超才与澳大利亚北领地州副州长洽谈投资

董才飞，1946年生，浙江宁波人。中共党员。高级商务师。

1970年，毕业于上海工学院电机工程系电磁测量技术及仪表专业。

毕业后分配至山东省淄博市张店电机制修厂。1976—1979年，任张店电机制修厂革委会主任，1978年兼任厂党支部书记。1979年起，历任淄博日报社党委办公室主任、党委副书记。1986年起，历任山东经济报社副总编、总编。1990年，任山东省委研究室处级研究员。1993—2006年，历任中国外运山东公司党委副书记兼副总经理、党委书记兼副总经理（副厅级）。

1994年12月，董才飞在德国奔驰公司洽谈购买集装箱运输车

1997年9月，董才飞（右一）在拉脱维亚考察港口

董凤纯，1956年生，山东昌邑人。中共党员。

1985—1987年，在上海大学文学院干部专修班学习。

1974年，在中国人民解放军潜艇学院士兵班受训。1976—1985年，在潜艇部队和东海航队机关工作。1988年，调任海军机关，后任司令部办公室秘书，政治部干部处处长、副部长、部长。2009年，任海军潜艇学院政委。2010年，晋升海军少将军衔。

为中国共产党第十八次全国代表大会代表。

2006年1月，董凤纯访美期间在夏威夷密苏里舰留影

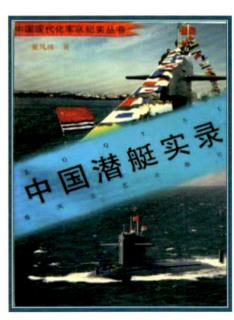

董凤纯著《中国潜艇实录》书影

董南才，1922年生，浙江台州人。中共党员。

1960—1963年，任上海科学技术大学党委副书记。

1938年，参加革命并加入中国共产党，赴中共闽浙边省委举办的抗日救亡干部学校学习，后北上抗日，在芜湖、南京、镇江、上海等地开展游击战争。1940—1943年，先在新四军军部教导总队第一大队一队学习并任一队副政治指导员；一队结业后调任二队、干部队副政治指导员，后历任暂编部队二中队、新四军七师五十六团二连、五十七团三营、四连政治指导员。经历皖南事变。1943—1944年，历任新四军五十七团三营繁昌大队（主力地方化）政治教导员。1945—1949年，历任新四军皖南军分区南陵、繁昌芜湖总队政治处、皖南支队二团、七师二十旅五十九团、七师五十八团、两广纵队教导一团、华东野战军一纵队炮团、二十军炮团政治处主任，为新四军七师上干队学员、山东军区军政大学四大队一队学员。1949—1950年，任二十军炮团、华东海军训练团、华东海军警卫团副政治委员。解放战争期间，参加了枣庄战斗、淮北阻击战、孟良崮战役、南麻战役、临朐战役、豫东战役、淮海战役、渡江战役、上海战役等。1950—1954年，任华东空军厦门基地场站、华东空军供应团、空军二十师蚌埠基地场站、空军十六师四十六团政治委员。1954—1957年，任空军十二师政治部主任，其间参加抗美援朝，解放一江山岛联合兵种作战。1957—1959年，为解放军政治学院学员。1960年，转业到上海地方工作。1960—1963年，任上海市工业品研究所党委副书记。1963—1966年，任上海市科委副秘书长、纪委书记。1966年，任上海市机电一局政治部副主任。1967年，任科研系统工宣团连队副政治指导员。1969—1971年，任上海市革委会组织组、调查组组员。1971—1977年，任新建机器厂领导小组成员、革委会副主任、党委副书记。1977—1984年，历任中国科学院有机化学研究所党委副书记，药物研究所党委副书记、书记。1979年，为中央党校学员。

1944年，获评新四军七师模范干部；1955年，被授予上校军衔，获二级独立自由勋章、三级解放勋章。

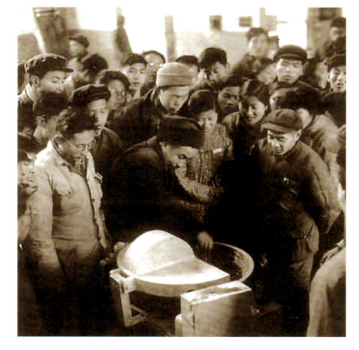

董南才（右一）与教职工一起研究改善生活条件

董泰康，1945年生，浙江鄞县人。

1968年，毕业于上海工学院仪表系。曾在上海大学设立董泰康奖教金和董泰康奖学金。

毕业后分配至江西凤凰仪器厂工作。1981—1985年，在江西省机械设备进出口公司工作。1985年，受香港远东家具公司之聘赴阿联酋阿布扎比开设新的门市部。1991年，与他人合作在科威特建立合资公司MAPCO，并在沙特开设分公司，成为几十家中国企业代理。2008年，被全球华人华商联合总会主席委任为全球华人华商联合总会副主席兼科威特国家分会主席。曾任科威特能源工程公司中国及远东发展部门经理、科威特华侨华人协会主席。2012年，任江西省侨联顾问。2012年，任宁夏大学客座教授。

2005年，董泰康在拥护《反分裂国家法》座谈会上发言

2016年，董泰康与南通市侨联工作人员合影

蒋渊，1975年生，上海人。巴黎高等商学院EMBA。

1996年，毕业于上海大学社会科学学院涉外文秘专业。

2011年，获巴黎高等商学院EMBA学位。1995—1998年，任上海市静安区经贸委宣传科科员。1998—2000年，在凯耐第斯工艺系统（上海）有限公司销售中心任职，后任营销总监。2000年，创立上海至纯洁净系统科技股份有限公司并任总经理，2011年起兼任董事长。

2011年，获上海市闵行区领军人才称号；2012年，获APEC中小企业峰会组委会颁发的"2012渣打银行中国成长企业价值榜"年度女性管理奖；2014年，获上海市青年五四奖章；2015年，获上海市三八红旗手荣誉称号；2022年，获商界木兰荣誉称号。

2012年，蒋渊参加第一期中欧创业营

蒋嘉俊（1930—2020），浙江绍兴人。中共党员。副教授。

1979—1983年，任上海机械学院轻工分院机械专业副主任。1983—1984年，任上海大学工商管理学院副教授。1984—1986年，任上海大学工学院一系副主任。1986—1993年，任上海大学商学院院长、副教授。

1950—1953年，就读于上海交通大学动力机械系。1953—1966年，历任内蒙古呼和浩特工业学校、南京航空学院、常州工业专科学校、无锡轻工业学院教师。

为上海市静安区第八、第九届人大代表。

1986年，蒋嘉俊在学校会见到访的外宾

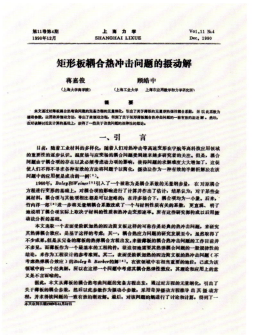

蒋嘉俊等在《上海力学》1990年第4期上发表的文章（部分）

景莹，1962年生，浙江海盐人。九三学社成员。英国埃克赛特大学MBA。研究员。1983年，毕业于上海大学外国语学院。

1993年，获英国埃克赛特大学工商管理专业硕士学位。1983年，任上海国际经济贸易研究所研究员。1988年起，历任上海市对外经济贸易委员会外事处副主任科员、主任科员、处长助理、副处长、处长、副秘书长。2003年，任上海市南汇区区长。2006年，任上海市普陀区区长。2014年，任上海市旅游局副局长。2015年，任上海市人民政府外事办公室副巡视员。现任上海市人民对外友好协会副会长、一级巡视员。

为上海市第十至第十四届政协委员，2022年，获上海市政协委员优秀履职奖。九三学社第十二次全国代表大会代表、第十四届中央委员会委员，九三学社上海市第十四、第十五届委员会委员，第十六届委员会常务委员。

2021年7月，景莹在2021洽洽杯"华夏学子说"中小学生用英语讲中国故事展演活动上致辞

2022年9月，景莹在金砖国家青年峰会暨2022年北京友好城市国际青年交流营上海分会场发言

程立，1974年生，江苏盐城人。中共党员。

1997年、2000年，分别在上海大学计算机工程与科学学院获学士、硕士学位。

2005—2007年，任支付宝开发工程师。2007—2014年，任支付宝首席架构师。2014—2019年，任蚂蚁集团首席技术官，后兼任蚂蚁集团国际事业群首席运营官。2019—2022年，任阿里巴巴集团首席技术官。2006年，入选新世纪百千万人才工程计划。

2005年，获国家杰出青年科学基金；2021年，以70亿元人民币财富名列2021胡润中国职业经理人榜第25位。

2021年11月，程立在2021天猫双11媒体沟通会上做演讲

2022年7月，程立在2022开放原子全球开源峰会上做主题演讲

程昌钧，1937年生，重庆人。中共党员。教授。

1996年，调入上海大学，历任理学院力学系、上海市应用数学和力学研究所教授、博士生导师，组建上海大学力学系并任系主任，同时组建上海大学固体力学实验中心并任主任。

1958年，北京大学数学力学系固体力学专业毕业后分配至兰州大学数学力学系工作。1987—1988年，获中英友好奖学金，作为高级研究者赴英国诺丁汉大学理论力学系进行合作研究。1992—1997年，任第四届兰州市科学技术协会代表、委员、常务委员、副主任。1996年，任第五届中国科学技术协会代表。1992—1997年，任第三届甘肃省力学会理事长。曾兼任中国力学学会第四至第六届理事、常务理事，理性力学和力学中数学方法专业委员会副主任、主任。

1990年，获甘肃省优秀图书奖一等奖；1991年，获国家教委科技进步奖二等奖；1993年，获甘肃省科技进步奖二等奖、全国优秀教师荣誉称号；1996年，获甘肃省科技进步奖三等奖；1997年，获上海市优秀教材奖一等奖；1999年，获教育部科技进步奖一等奖、上海市三八红旗手、上海市教育系统优秀共产党员荣誉称号；2000年，获宝钢优秀教师特等奖；2001年，获上海市优秀教学成果奖一等奖、获评上海市劳动模范；2002年，获上海市科技进步奖二等奖；2003年，获评上海高校教学名师；2005年，获高等教育上海市级教学成果奖三等奖；2007年，获上海市自然科学奖三等奖；2009年，获高等教育上海市级教学成果奖二等奖；2013年，获高等教育上海市级教学成果奖一等奖。

为甘肃省第七届政协委员。

1988年8月，程昌钧在法国参加第17届国际理论与应用力学大会

程思祺，1982年生，江苏江阴人，中共党员。上海交通大学安泰经济与管理学院MBA。

2005年，毕业于上海大学国际经济与贸易专业。

2010年，获上海交通大学安泰经济与管理学院工商管理（MBA）学位。2008年，入职阿克苏诺贝尔装饰漆公司，2010年任阿克苏诺贝尔化学品公司中国区销售和市场总监。2012年，成立上海境洁环保科技有限公司，任总经理，创建"益涂"品牌。2015年，上海境洁环保科技有限公司公司获"全球创业周雏鹰奖"。2017年，"益涂"项目获中国青年创新创业全国赛金奖。

2015年，获上海市青年创业英才称号；2023年，获国际商学院协会（AACSB）颁发的"2023年度全球影响力领导者"称号，成为当年度亚洲地区唯一获奖人。

2017年11月，程思祺（左）与上海大学悉尼工商学院签署合作协议

2021年5月，程思祺（左二）参加上海大学悉尼工商学院第二届第二次发展顾问委员会会议

傅赤先（1923—2012），山东淄博人。中共党员。

1981—1986年，任上海工业大学党委副书记、副校长。

1937年，曾参加卫固镇完全小学组织的抗日宣传队。1938年，曾在八路军驻卫固办事处在傅山村举办的夜校接受抗日救国教育。1939年，任中共长山九区区委会青年科长。1940—1942年，历任长桓二区青年科科长、长桓县青年救国会组织委员、中共长桓县委组织部组织科科长、长山九区区委副书记。1942—1943年，奉命撤出长桓地区，历任清河清中地委组织部干部科科长、博兴县委组织部组织科科长、三边县委组织科科长，兼任蒲台四区区委书记和区中队指导员。1943年，受派回长桓地区开展游击战争，任桓台县五区（原长山九区）区委书记兼区中队指导员。1945—1946年，任桓台县四区区委书记兼区长，桓台县委宣传部部长、县委副书记。1949年，随军南下后，任华东人民革命大学二部五班班主任、三部教育科科长。1952年起，历任上海交通大学党委委员、宣传科科长、办公室主任等职。1961年后，历任上海交通大学党委常委、党委办公室主任、政治部办公室主任兼党委统战部部长等职。1978年，任中国驻北也门民主共和国萨那技校专家教学组组长、党总支书记。

1985年10月，傅赤先（前排右二）出席桓台县委、县政府在桓台宾馆举行的桓台地方党史大事记审稿会

谢远锋，1977年生，江西赣州人。中共党员。重庆理工大学MBA。

1999年，毕业于上海大学计算数学及其应用软件专业。

2013年，获重庆理工大学工商管理硕士学位。曾任英大证券有限责任公司信息技术部总经理助理、重庆渝鲁大道营业部总经理、风险管理部副总经理，英大期货有限公司营销总监兼客户服务中心总经理，世纪证券有限责任公司经纪业务部副总经理、深圳深南大道营业部总经理。2020年后，历任英大期货有限公司总经理、党总支书记，英大证券有限责任公司营销中心总经理、营销总监、首席战略官。现任英大证券有限责任公司发展策划部总经理。

2008年，获中国证监会授予的账户清理先进个人称号。

2020年12月，谢远锋在大宗商品产业发展论坛暨英大期货青岛分公司开业庆典上讲话

蓝凡，1949年生，上海人。教授。

曾任上海大学上海影视艺术技术学院、上海电影学院教授、博士生导师。

1982年，获中国艺术研究院文学硕士学位。兼任中国艺术学理论学会副会长、中国—东盟艺术学院特聘教授，上海艺术研究所学术委员会主任，《上海艺术家》杂志社社长、主编。主要研究方向为艺术史论、电影基本理论、香港电影研究、后现代电影研究等。为《中国京剧史》上卷主编、《高则诚与琵琶行》副主编，并先后参加《中国大百科全书》《中国戏曲曲艺辞典》《中国剧种大辞典》《上海通志》《上海文化史》《上海百年文化史》的编撰工作。著有《艺术历史空间的哲学思考》《中西戏剧比较论稿》《电视艺术通论》《中西戏剧比较论》等；译著有《舞蹈论文选》《巴兰钦传》《芭蕾》《中国戏剧批评思想史》《电视艺术通论》等。

曾获全国艺术科学成果奖一等奖、国家图书奖一等奖、中宣部"五个一工程"奖等奖项。2007年，获中国高校影视学会年会论文奖；2014年，第十二届上海市哲学社会科学优秀成果奖著作类一等奖。

2017年11月，蓝凡在"艺术理论的中国视角"暨中国艺术学理论学会筹备会上发言

楼文高，1964年生，浙江萧山人。博士。教授。

1991年，获上海工业大学机械工程系机制专业硕士学位。

2005年，获同济大学工学博士学位。1985—2001年，任职于上海水产大学，历任讲师、副教授，工程技术学院、海洋学院副院长、院长，校学术委员会、学报编委会委员。2001年，调入上海出版印刷高等专科学校、上海理工大学，历任专科学校党委副书记、学院常务副院长、党总支书记。后曾任上海商学院副校长、党委副书记、纪委书记。2021年，调任上海立信会计金融学院。

曾获农业部科技进步奖三等奖、上海高校优秀教材奖二等奖、上海市教学成果奖三等奖等，获上海市优秀教育工作者、上海市高校优秀青年教师等荣誉称号。

2016年12月，楼文高在上海商学院信息与计算机学院指导工作

赖磊平，1956年生，台湾台中人。博士。

1982年，毕业于上海科学技术大学理论物理专业。

后获美国亚利桑那州大学材料科学博士学位。1973—1975年，就读于上海橡机一厂技校。1975—1978年，在上海橡机一厂工作。2011年，创办上澎太阳能科技有限公司，曾任总经理；曾任济宁圣翔新能源科技股份有限公司副董事长、华虹NEC副总经理。

雷凤桐（1926—2019），辽宁台安人。中共党员。

1960—1966年，任上海工学院教学科学处副处长。1973—1977年，历任上海机械学院教革组副组长、生产科研组副组长。1978—1983年，任上海工业大学教务处处长。1981—1990年，任上海工业大学副校长，兼任第二、第三届图书馆委员会主任。1985年，参加教育部大学校长考察代表团，出访比利时、荷兰等国。

《高等教育评估新探——1988年高等教育评估学术讨论会论文选编》
（天津大学出版社1989年版）收录的雷凤桐文章

雷建设，1970年生，湖北仙桃人。博士。正高级工程师。

2001年，获上海大学通信与信息系统专业博士学位。

2001—2009年，任上海贝尔股份有限公司副总监。2009—2014年，任亨通集团有限公司首席技术官，国家级企业技术中心主持工作副主任。2014—2017年，任江苏中利集团副总裁兼总工程师。2017年起，任通光集团有限公司副总裁兼总工程师。兼任中国电器工业协会电线电缆分会光电缆专家委员副主任委员、中国电工技术学会电线电缆分会专家委员会委员、哈尔滨理工大学客座教授、上海通信学会光通信专委会主任委员。2015年，入选江苏省第四期高层次人才计划。

2018年12月，雷建设（中）在粤港澳大湾区电力创新高峰会上留影

2021年5月，雷建设在上海大学做学术报告

蔡铮（1943—2018），曾用名蔡鹤官，上海人。中共党员。

1967年，毕业于上海工学院机械工程系。

1967年，参加工作。历任上海市金山县农业机械厂技术员、副厂长、厂长，上海市金山县工业局副局长，上海市金山县乡镇企业局局长兼书记，中共上海市松江县委副书记，上海市松江县政协主席，中共上海市松江区委常委、常务副区长，正局级巡视员等职。

1997年5月，蔡铮在上海市松江区举行的"沙家浜"部队老战士迎十五大、庆回归、庆祝建军70周年活动上致辞

裴仁清，1944年生，江西丰城人。中共党员。教授。

1965年，上海工学院机械系毕业后留校任教，历任上海工业大学机械自动化及机器人工程系主任、机械自动化学院院长、上海大学机械电子工程学院副院长、上海大学高等技术学院副院长。主要从事机械制造、机电一体化及机器人技术、机电控制技术、基于机器视觉的检测技术和远程监控与服务技术等方面的教学和研究。

1977年，获上海市科学技术进步奖重大成果奖。1980年、1982年，获上海市科技进步奖二等奖；1984年，获上海市科技进步奖二等奖；1987年，获评上海市优秀科技工作者称号；1989年，获上海市科技振兴奖一等奖；1990年，获评上海市劳动模范；1991年，获评全国教育系统劳动模范，获上海市科技振兴奖三等奖，主编的《机床的微机控制技术》获华东地区优秀图书奖二等奖；1992年，获评上海市劳动模范；1993年，获上海市优秀教学成果奖二等奖。

为上海市闸北区第十二届人大代表。

2021年9月，裴仁清（左二）在上海大学第37个教师节离退休教师代表座谈会上发言

裴学进，1974年生，安徽芜湖人。中共党员。博士。教授。

2017年，获上海大学思想政治教育专业博士学位。

现任上海财经大学教授、博士生导师。兼任国家哲学社会科学基金项目评审鉴定专家、教育部人文社会科学课题评审专家和教育部学位与研究生教育发展中心评审专家、中国价值哲学学会理事、全国心理咨询师专业委员会常委。长期从事马克思主义理论与思想政治教育教学和研究。2011年，入选浙江省跨世纪学术和技术带头人培养工程。

2010年，获全国高校思想政治教育研究会第十届优秀论文奖二等奖；2014年，获全国纪念思想政治教育学科设立30周年优秀论文奖二等奖；2015年，获全国高校马克思主义理论学科博士论坛优秀论文奖二等奖；2015年、2019年，分别获上海市第五届和第七届马克思主义研究青年论坛优秀论文奖二等奖。

裴学进在研讨会上发言

裴学进著《主导价值观转化为主流价值观论纲》书影

廖由雄，1939年生，广东潮安人。中共党员。高级政工师。

1963年，上海科学技术大学冶金硅酸盐系毕业后留校，在该系任助教、系团总支书记，1970—1978年，任校革组副组长、党委办公室副主任。1978—1986年，任校党委组织部副部长、部长。1986—1994年，任校党委副书记兼纪委书记。1997年，任上海大学上海经济管理中心纪委书记。

1994年5月，上海大学领导班子合影（廖由雄左五）

阚敏，1933年生，安徽巢湖人。高级工程师。

1987—1994年，任上海科学技术大学副校长。1987年，任上海科学技术大学第三届学术委员会成员。1987—1994年，任上海科学技术大学副校长。1987—1993年，历任校学术委员会委员、副主任委员。1988年，任校教师职务评审委员会委员、校对外交流委员会委员。1991年，任校规划委员会成员、校实验室管理委员会主任委员。1992年，任上海市特种光纤重点实验室管理委员会组长，同年赴日本大阪府立大学进行学术访问。1994年，任校哲学社会科学科研成果评审专家组组长。1991—1994年，任《上海科学技术大学学报》编委会副主任。

为上海市第七届政协委员。

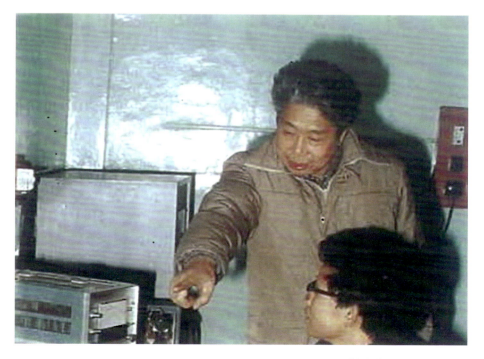

阚敏在指导硕士研究生

缪淮扣，1953年生，江苏淮阴人。中共党员。教授。

1980年，毕业于上海科学技术大学计算机科学系。1986年，获上海科学技术大学计算机科学系计算机应用专业工学硕士学位后留校工作。1987—1997年，历任讲师、副教授、教授、博士生导师。1988—1991年，任软件教研室党支部书记、副主任；1991—1998年，任计算机科学系副主任。后任上海大学计算机工程与科学学院副院长、上海大学学术委员会委员。

1992—1995年，在英国约克大学做访问学者。曾任中国软件行业协会理事、上海市南市区第四届科协常委、上海市南市区计算机学会理事长、上海市黄浦区第一届科协常委、上海市黄浦区计算机学会理事长。现兼任教育部软件工程专业教学指导分委员会委员、中国计算机学会系统软件专业委员会委员。

1990年、2003年，获上海市科技进步奖三等奖；1991年，获上海市高校优秀青年教师称号；1992年，获霍英东教育基金会优秀青年教师奖；1999年、2001年，获上海市育才奖。

2014年4月，缪淮扣（左）在泰山学院讲学期间留影

颜文樑（1893—1988），字栋臣，江苏苏州人。画家，美术教育家。

1960年，任上海市美术专科学院油画系教师。

1908年，考入上海商务印书馆，师从日本人松岗正识学西画。1919年，发起组织我国现代美术史上第一个全国性的美术展览会——苏州美术赛画会。1922年，与胡粹中、朱士杰创办苏州美术专科学校并任校长。1928年，留学法国，入巴黎高等美术学校学习油画；在法期间，购置教学石膏像460余件运回国；1932年回国后，参与创办苏州美术专科学校、苏州美术馆并主持苏州美术专科学校的教学工作。抗日战争时期，辗转至上海开办美专沪校。苏州美专复校后，任苏州美术专科学校校长，兼任之江大学、上海幼稚师范专科学校教授，往来苏沪之间直至全国解放。1953年后，历任中央美术学院华东分院教授、副院长，浙江美术学院顾问，中国美术家协会理事、顾问，上海美术家协会副主席等职。对透视学、色彩学、解剖学等技法理论亦有精深研究，出版有《颜文樑画集》《油画小辑》《欧游小品》及水彩画集《苏杭风景》等；著有《美术用透视学》《色彩琐谈》等；代表作品有《画室》《厨房》《南湖》《深夜之市郊》等。

1929年，油画《厨房》获法国巴黎春季沙龙展荣誉奖；1984年，油画《枫桥夜泊》获第六届全国美术展览荣誉奖。

1927年，苏州美术馆筹备会委员合影（颜文樑后排右三）

颜文樑油画《枫桥夜泊》

潘向黎，1966年生，福建泉州人。中国民主促进会成员。文学博士。作家。

1988年，毕业于上海大学中文系汉语言文学专业。

1991年，获上海社会科学院文学硕士学位。1992—1994年，赴日本东京外国语大学留学。2012年，获南京大学文学博士学位。1991—1998年，任上海文学杂志社编辑。1998—2020年，历任文汇报社副刊主任编辑、首席编辑、高级编辑。2000年，加入中国作家协会。2021年，任中国作家协会第十届全国委员会委员、上海市作家协会副主席。

2002—2007年，五次登上中国小说排行榜；2006年，获第十届庄重文文学奖；2006年，获第四届鲁迅文学奖全国优秀短篇小说奖；2012年，获第五届冰心散文奖首奖；2018年，获第五届朱自清散文奖；2022年，获"青花郎·人民文学"2021年度短篇小说奖；2022年，获第七届郁达夫小说奖短篇小说奖。

为第十三届全国人民代表大会代表，上海市第十二、第十三届政协委员，中国民主促进会第十四、第十五届中央委员会委员，中国民主促进会上海市第十七届委员会副主委。

2006年，潘向黎获鲁迅文学奖

2022年3月，潘向黎参加第十三届全国人民代表大会

潘晓岗，1971年生，上海人。中共党员。

1992年，毕业于上海科学技术大学电子材料与元器件专业，后获公共管理硕士学位。

1992年，参加工作。历任上海市经济和信息化工作党委办公室主任、上海市合作交流工作党委秘书长、市政府合作交流办秘书长，市合作交流工作党委副书记，市政府合作交流办副主任、党组副书记。2022年，任上海市政府合作交流办党组书记、主任。

为中国共产党上海市第十二届委员会候补委员，上海市第十四届政协委员。

2023年3月，潘晓岗在沪滇协作项目计划启动会上讲话

2023年3月，潘晓岗带队到罗平县调研沪滇协作项目进展情况

潘浩波，1978年生，江苏宝应人。博士。研究员。

2000年，毕业于上海大学材料学院电子材料与元器件专业。

2003年，获密苏里大学生物陶瓷材料专业硕士学位。2007年，获香港大学牙科生物材料专业博士学位后，留港继续做博士后研究。2009年，任香港大学医学院矫形与创伤外科学系研究助理教授。2010—2011年，任香港大学研究助理教授。2011年后，组建中国科学院深圳先进技术研究院生物医药与技术研究所与人体组织与器官退行性研究中心，历任中心主任、副所长。为广东省海洋生物材料工程技术中心主任、深圳市海洋生物医用材料重点实验室主任、香港大学荣誉教授。兼任武汉理工大学教授，中国医疗保健国际交流促进会骨科分会理事、骨科生物材料学部主任委员，香港大学荣誉教授，湖北大学兼职教授，中国生物材料学会海洋生物材料分会副主任委员。长期从事骨科生物医用材料研究，任多个学术委员会理事、常务委员、主任委员等。先后主持科技部"十四五"重点研发计划、国家基金委广东联合基金重点、NSFC-RGC联合基金、面上基金、863课题等二十多个项目。2011年，获上海白玉兰科技人才基金。

2019年，获COA骨科基础青年研究三等奖。

潘浩波工作照

2023年3月，潘浩波（右一）参加中国生物材料学会生物陶瓷分会珠山论坛

潘耀昌,1947年生,广东新会人。中共党员。教授。

1998年起,任上海大学美术学院教授、博士生导师。

1978年,毕业于安徽师范大学阜阳分院艺术系美术专业。1981年,浙江美术学院理论研究室史论专业研究生毕业。1988—1990年,在美国加州大学伯克利分校做访问研究。曾任中国美术学院史论系教授、学术委员会委员、史论系主任,杭州潘天寿基金会常务理事、上海林风眠研究会常务理事。兼任中国美术学院博士生导师。主要从事艺术学、美术学及近现代美术史研究。专著有《走出巴贝尔:融合中的冲突》《中国近现代美术史》《中国近现代美术教育史》《外国美术简史》等;主编有《20世纪中国美术教育》《中国美术名作鉴赏辞典》等;编著有《中国历代绘画理论评注(清代卷)》;翻译或参与翻译的译作有《艺术风格学》《古典艺术》《形式问题》《西方美术史学中的中国山水画》《怎样撰写艺术类文章》《亚洲艺术》《三维创造动力学》《凸板画技法》等。

2017年12月,潘耀昌在"溢彩·世界——关广志、关乃平父子联展"上讲话

潘耀昌出席上海美术学院2019届博士研究生毕业论文答辩会

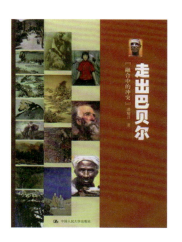

潘耀昌著《走出巴贝尔:融合中的冲突》书影

薛志良，1957年生，上海人。中共党员。

1975年，上海科学技术大学毕业后留校任教。历任上海大学工学院宣传部部长兼团委书记、学工部（处）长。1991—1994年，任中共上海大学工学院委员会党委副书记。1994年后，历任上海大学徐汇校区负责人，上海大学美术学院党委书记，上海大学党委常委、巡视员，东区建设指挥部总指挥等。2007—2014年，任上海大学工会主席。

曾获评2007—2009年度上海市教育系统优秀工会工作者、上海市高校优秀思想政治工作者，2012年度教育系统基层优秀工会主席。

为中国教育工会上海市第八届委员会委员、常委。

2011年9月，薛志良（中）主持上海大学分工会主席工作会议

2011年10月，薛志良（后排右三）与出席上海大学承办的市教育工会乒乓球友谊赛的领导和运动员合影

薛喜民，1941年生，山东莒县人。中共党员。

1964年，上海科学技术大学材料科学系金属物理专业毕业后留校任教。1972—1975年，任无线电材料系党总支书记、副书记、革委会主任。1975—1978年，任化学与材料科学系党总支书记、革委会主任。

1978年，任华东纺织工学院党委副书记、副校长。1983年，任上海电视大学常务副校长。1991年，任上海市政府教育卫生办公室副主任。1995年，任上海市教科文卫体委员会常务副主任。曾任上海市教育发展基金会常务副会长、中国职业教育学会副会长、上海职业教育协会会长。1996年，任上海教育国际交流协会副会长。

2002年，获教育部、国家经济贸易委员会联合授予的全国职业教育先进个人荣誉称号。

2013年，薛喜民在首届上海市高职高专院校重点专业建设教学设计大赛上做点评嘉宾

薛潮，1956年生，江苏江阴人。中共党员。

1997年，获上海大学管理工程系在职研究生班硕士学位。

1975年，参加工作。曾任上海锅炉厂团委副书记，上海市机电工业管理局团委副书记，上海四方锅炉厂党委副书记、书记。1993—2000年，历任共青团上海市委副书记、党组成员、市委书记、党组书记。2000—2008年，历任上海市长宁区委副书记、代区长、区长、区委书记。2008—2013年，历任上海市人民政府副秘书长、中共长宁区委书记，上海市对口支援都江堰灾后重建指挥部总指挥。2013—2018年，任上海市人大常委会副主任。现任上海宋庆龄研究会会长。

为上海市第十五届人大代表。

2020年6月，薛潮做"宋庆龄与新中国"专题讲座

戴万阳，1963年生，江苏盐城人。博士。教授。

1988年，获上海科学技术大学数学系运筹学与控制论专业硕士学位。

1985年，毕业于南京师范大学数学系。1996年，获美国佐治亚理工学院博士学位。1988—1992年，任南京大学数学系助教、讲师。1996—1999年，任美国电报电信（现称诺基亚）贝尔实验室永久科学家、重大/重点项目首席科学家。1999—2004年，任南京大学副教授，其间曾赴中国科学院数学与系统科学研究院、美国数学及应用研究所做访问学者及研究学者。2004年起，任南京大学数学系教授。曾任苏硖控制有限公司首席科学家、美国（量子计算与区块链）论坛协会SIR Forum理事长、江苏省概率统计学理事长、江苏省应用统计学会监事会主席、江苏省大数据区块链与智能信息专委会主任、国家自然科学奖励委员会数学学科会评委员（随机分析组长）与国家自然科学奖评审专家、国家自然科学基金重大/重点（包括杰青、优青）项目评审专家。主要从事随机网络的反射扩散逼近、随机（渐近）最优控制与（随机微分）博弈论及（正倒向与反射）随机（常/偏）微分方程、量子计算与人工智能等领域的研究。

2019年11月，戴万阳受聘担任迪普思数字经济研究所首席科学家

2020年11月，戴万阳在江苏省应用统计学会第22次学术年会上致辞

戴云杰，1982年生，上海人。

2006年，毕业于上海大学机械工程及自动化专业。

2005—2007年，任上海维西网络科技有限公司首席运营官。2007—2011年，任上海少思网络科技有限公司首席运营官。2014年，任上海轻舞网络科技有限公司执行董事。2010年，与校友黄一孟联合创办心动有限公司；2019年，任心动有限公司执行董事、总裁；2019年12月，心动有限公司在香港联合交易所有限公司主板上市。

2019年12月，戴云杰（右四）在心动有限公司上市时留影

戴晓坚，1959年生，江苏南京人。中共党员。正高级经济师。

1996年，上海大学知识产权学院管理工程专业在职硕士研究生毕业。

1984—1990年，任上海市市政工程管理局团委副书记、书记。1990—1997年，任上海市合流污水建设公司党委副书记、副总经理。1997—2002年，任上海市市政养护管理有限公司党委书记、董事长。2002—2005年，任上海市城投资产经营公司董事长、上海市城投置地集团董事长。2005—2010年，任上海市长江隧桥建设发展有限公司总经理。2010—2015年，任上海市建设和交通委员会秘书长、上海市交通委员会副主任兼任上海市路政局局长。2015—2019年，任上海市机场建设指挥部常务副总指挥、总指挥。2008年，参与国家863长大隧道研究计划。

2010年，主持的城市越江隧道结构的性能与安全控制技术研究获教育部科技进步奖一等奖；2011年，主持建设的上海长江隧桥获世界隧道协会特等奖；2020年，主持建设的浦东国际机场卫星厅获国家优质工程奖；2010年，获影响中国——第十一届中国时代十大卓越成就奖。

2017年，戴晓坚在中铁四局上海片区区域党建工作座谈会上讲话

戴晓坚与徐匡迪合影

魏季和,1942年生,江苏无锡人。九三学社成员。教授。

1992年,任上海工业大学冶金系教授。1995年,任上海大学金属材料系钢铁冶金专业博士生导师。

1964年,本科毕业于上海交通大学冶金系钢和合金的特种熔炼专业。1967年,硕士毕业于北京钢铁研究院(现钢铁研究总院)真空熔炼物理化学专业。1967—1976年,任四川江油长城钢厂三分厂中心试验室、冶炼车间技术员。1976—1992年,任教于西安建筑学院(现西安建筑科技大学)冶金系,历任讲师、副教授、教授,冶金传输及反应工程教研室主任,冶金物理化学研究室主任。1979—1981年,任加拿大不列颠哥伦比亚大学冶金工程系研究员。1998—1999年,任美国爱荷华大学机械工程系客座教授。曾兼任第六届国家自然科学基金委员会学科评审专家组成员、中国金属学会冶金反应工程学会副理事长、全国冶金反应工程学学会副主任。

为九三学社上海大学第三届委员会副主委。

2017年11月,魏季和在上海大学第六届金婚庆祝活动上作为金婚伉俪代表发言

Jeffrey Reimers（杰夫·瑞默斯），1956年生，澳大利亚籍。博士。理论物理化学家、新南威尔士皇家学会会士、澳大利亚科学院院士。

2014年起，任上海大学理学院教授、上海大学量子与分子结构国际中心主任。

1983年，获澳大利亚国立大学物理专业博士学位。1983—1985年，在美国加州大学圣地亚哥大学化学专业做博士后研究。1985—2013年，任职于澳大利亚悉尼大学化学学院。2014年，任澳大利亚悉尼科技大学物理系教授。2010年，当选澳大利亚科学院院士。为美国化学学会会员，美国物理学会会员。

杰夫·瑞默斯在上课

杰夫·瑞默斯与学生在一起

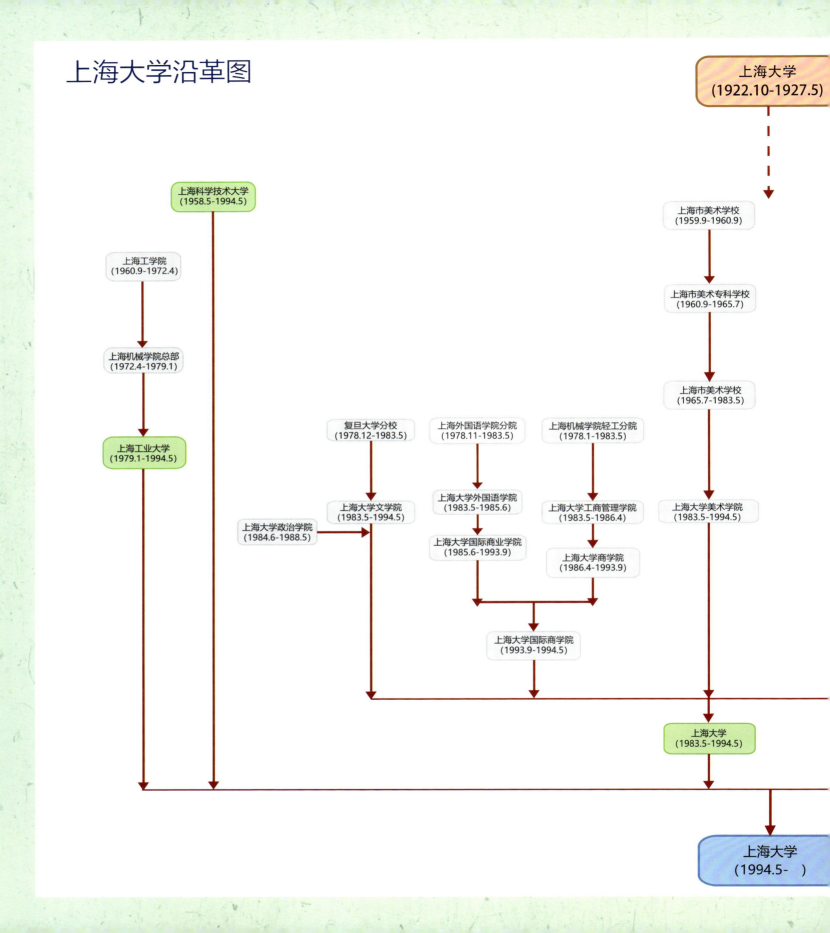

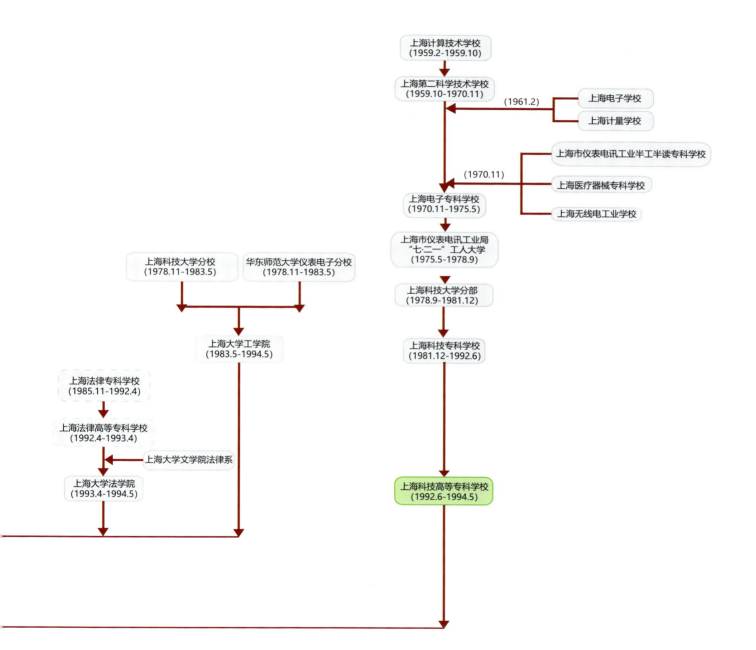

图书在版编目（CIP）数据

百年上大校友画传. 第三辑 / 成旦红，刘昌胜主编. —上海：上海大学出版社，2023.5
 ISBN 978-7-5671-4695-2

Ⅰ.①百… Ⅱ.①成… ②刘… Ⅲ.①上海大学—校友—生平事迹—画册 Ⅳ.① K820.7-64

中国版本图书馆 CIP 数据核字（2023）第 066141 号

责任编辑　傅玉芳　刘　强　柯国富
技术编辑　金　鑫　钱宇坤
装帧设计　柯国富

百年上大校友画传（第三辑）

成旦红　刘昌胜　主编

出版发行	上海大学出版社
社　　址	上海市上大路99号
邮政编码	200444
网　　址	www.shupress.cn
发行热线	021-66135112
出版人	戴骏豪
印　　刷	上海颛辉印刷厂有限公司
经　　销	各地新华书店
开　　本	889mm×1194mm　1/12
印　　张	25
字　　数	500千字
版　　次	2023年5月第1版
印　　次	2023年5月第1次
书　　号	ISBN 978-7-5671-4695-2/K·271
定　　价	320.00元